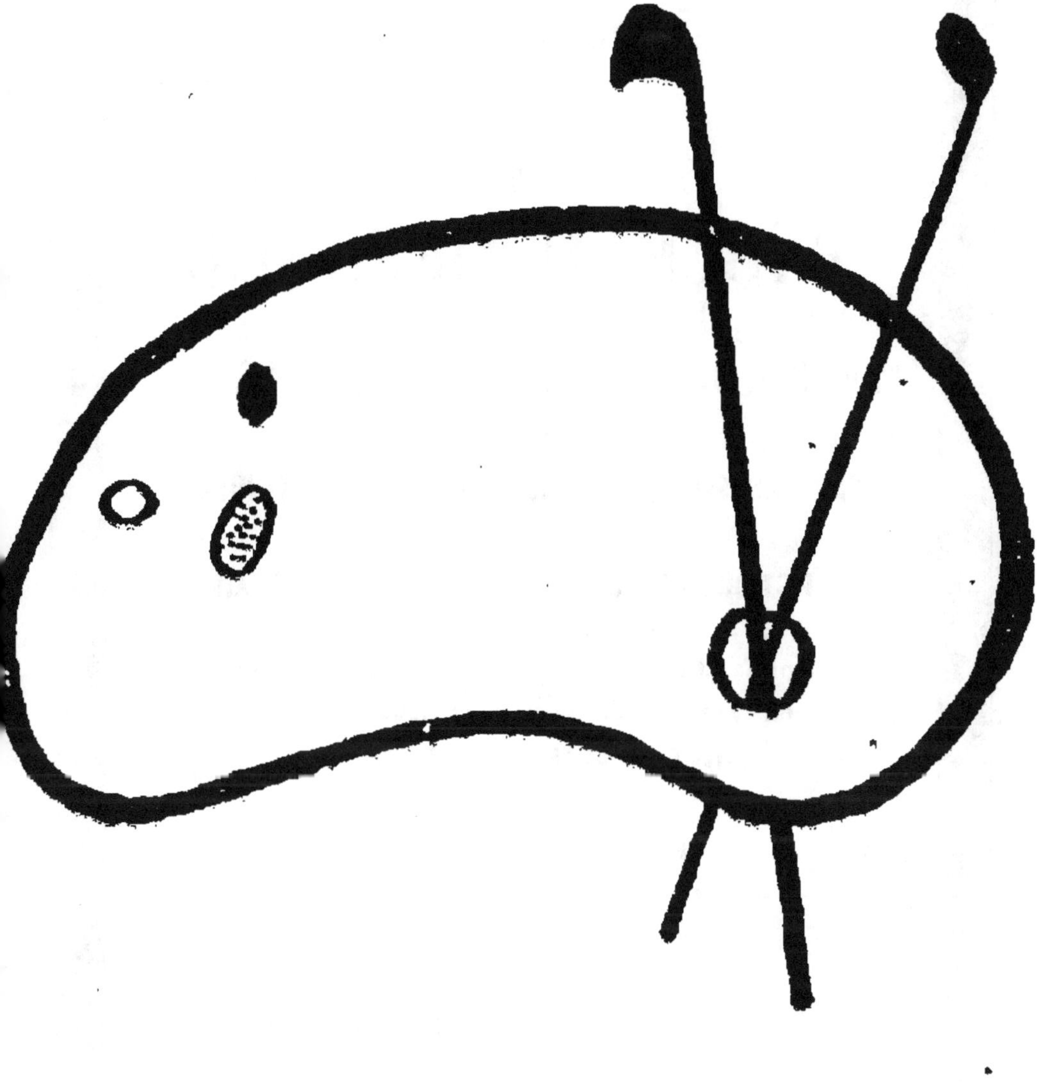

DEBUT D'UNE SERIE DE DOCUMENTS EN COULEUR

MARTYROLOGE ARMÉNIEN

✝

TABLEAU OFFICIEL
DES
MASSACRES D'ARMÉNIE

DRESSÉ APRÈS ENQUÊTES

PAR LES SIX AMBASSADES DE CONSTANTINOPLE

ET

STATISTIQUE DRESSÉE PAR DES TÉMOINS OCULAIRES

GRÉGORIENS ET PROTESTANTS

des profanations d'églises, assassinats d'ecclésiastiques,
apostasies forcées,
enlèvements de femmes et jeunes vierges

AVEC CARTE DE LA RÉGION DES MASSACRES

PAR

le P. F⁸ CHARMETANT
DIRECTEUR GÉNÉRAL DE L'ŒUVRE D'ORIENT

Se vend au profit de la souscription pour les Arméniens

PARIS
AU BUREAU DES ŒUVRES D'ORIENT
RUE DU REGARD, 20

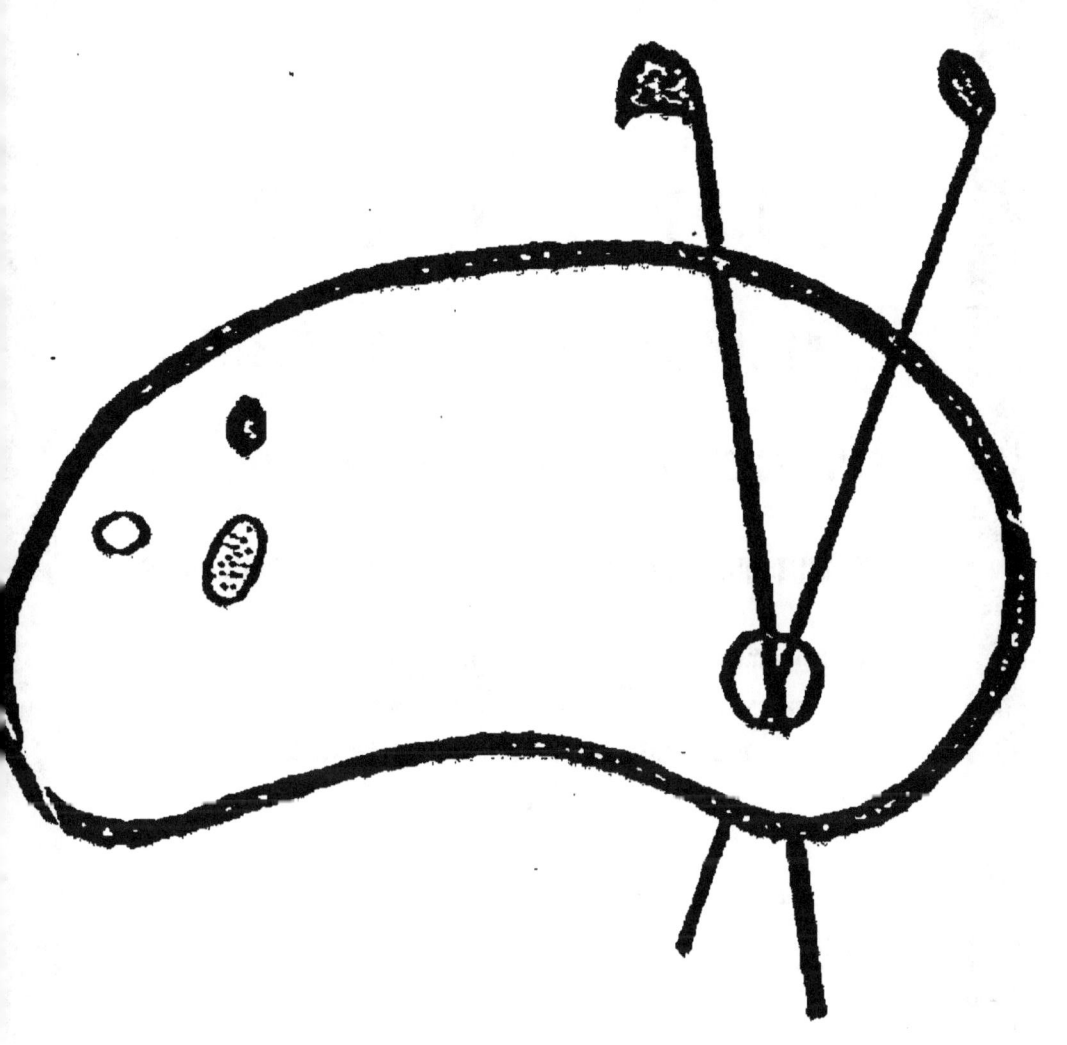

FIN D'UNE SERIE DE DOCUMENTS EN COULEUR

MARTYROLOGE ARMÉNIEN

TABLEAU OFFICIEL
DES
MASSACRES D'ARMÉNIE

DRESSÉ APRÈS ENQUÊTES

PAR LES SIX AMBASSADES DE CONSTANTINOPLE

ET

STATISTIQUE DRESSÉE PAR DES TÉMOINS OCULAIRES

GRÉGORIENS ET PROTESTANTS

des profanations d'églises, assassinats d'ecclésiastiques,
apostasies forcées,
enlèvements de femmes et jeunes vierges

AVEC CARTE DE LA RÉGION DES MASSACRES

PAR

le P. F^s CHARMETANT
DIRECTEUR GÉNÉRAL DE L'ŒUVRE D'ORIENT

Se vend au profit de la souscription pour les Arméniens

PARIS
AU BUREAU DES ŒUVRES D'ORIENT
RUE DU REGARD, 20

SOMMAIRE

Un document officiel 1
Un mot sur ce document.. 7
Tableau officiel des massacres dans onze vilayets............. 10
Les massacres et l'Europe.. 41
Une statistique. — Appel à l'Union................................. 44
Statistique des profanations, massacres de prêtres, apostasies forcées, enlèvements, etc.. 46
Carte de la région des massacres................................. 48
La situation actuelle en Arménie................................... 71
Capitulation de Zeïtoun.. 80
Quelques épisodes des massacres................................ 82
Le rôle de la France et de la Russie en O...................... 93
Conclusion. — A nos frères d'Arménie et d'Europe!.......... 95

MASSACRES D'ARMÉNIE

UN DOCUMENT OFFICIEL

C'est pour remplir un devoir de charité et de religion que nous avons fait paraître, il y a deux mois, notre appel en faveur des victimes du fanatisme musulman en Arménie.

Nous nous décidons aujourd'hui à accomplir un devoir d'humanité et de patriotisme en publiant un *document officiel* qui révélera au public, avec plus d'autorité que nos précédents rapports, l'épouvantable situation qui est faite à nos frères d'Arménie sous les yeux de l'Europe impassible, et en dénonçant la coupable attitude de la France qui, en de si graves circonstances, a failli honteusement à son rôle séculaire et si glorieux de protectrice des chrétiens du Levant.

Les journaux catholiques, presque seuls, ont consenti à reproduire notre premier appel et à recommander la souscription que nous avons ouverte en faveur des victimes ; mais la presse parisienne, en grande majorité, a continué à garder sur ces massacres un silence que nous savons être largement payé. J'ai même sous les yeux certains journaux racontant sérieusement que ce sont les Arméniens qui massacrent les Turcs !...

Aujourd'hui, ce ne sont plus seulement des correspondances privées que nous avons à publier, c'est un **document officiel absolument authentique** que nous allons reproduire et qui va faire connaître, sans exagérations et sans phrases, avec la brutalité des chiffres et des faits, la vérité sur ces massacres d'Arménie qui dépassent de beaucoup, en nombre et en détails horribles, ce que nos premiers renseignements nous avaient révélé.

Aussi avons-nous la confiance que la presse tout entière n'hésitera plus, après avoir pris connaissance de ce document, à nous aider dans l'œuvre humanitaire que nous avons entreprise et à recommander la souscription ouverte dans nos bureaux, *rue du Regard, 20, à Paris*, en faveur des malheureuses victimes.

Déjà près de **cent quatre-vingt mille francs** ont été recueillis et expédiés, à ce jour, car notre comité fait parvenir d'urgence à ces populations si éprouvées, au fur et à mesure qu'on nous les envoie, tous les secours en argent, vêtements, etc., qu'on veut bien nous adresser. 180 000 francs réunis ainsi, en quelques semaines, malgré le silence systématique d'une notable partie de la presse, cela montre bien avec quel élan généreux la France tout entière eût souscrit, si beaucoup de journaux n'eussent vendu leur silence en échange d'un or taché du sang de nos frères!

Le document officiel que nous mettons aujourd'hui sous les yeux de nos lecteurs est le Tableau dressé de concert par les six ambassades de Constantinople et communiqué à leurs gouvernements respectifs, pour les informer des événements qui ont ensanglanté *onze provinces ou vilayets* de l'Asie Mineure, pendant les trois derniers mois de 1895.

Ce **Tableau officiel des massacres**, bien que très incomplet, est un vrai *martyrologe!*

Il établit, par des chiffres authentiques, et, pour ainsi dire, jour par jour et province par province, que **le nombre des victimes, relevé dans les principales localités seulement, s'élève à près de trente mille chrétiens massacrés**, sans compter le nombre beaucoup plus considérable de ceux qui ont été égorgés loin des yeux des consuls, dans des milliers de villages chrétiens aujourd'hui détruits.

Ce grave document, pourquoi le gouvernement français s'obstine-t-il à le garder secret? Pourquoi aucune communication, même partielle, n'en a-t-elle été faite à la presse?

Est-ce encore pour complaire à la Russie dont la diplomatie étroite et égoïste, au lieu de sauver les Arméniens massacrés en face de ses frontières par le fanatisme musulman, a jugé plus profitable de prendre la Turquie sous sa protection, en empêchant l'Europe d'intervenir et en obligeant la France, devenue sa complaisante satellite, à assister d'un œil impassible à l'extermination de la race arménienne, à la destruction d'un peuple de frères?

Est-ce en vue de continuer ce rôle peu honorable de vassale attitrée de la politique russe dans le Levant, que la France, jadis si fière et si omnipotente, en serait réduite aujourd'hui à supprimer les documents qui lui rappellent sa mission civilisatrice et lui reprochent sa forfaiture d'abdiquer ainsi, en Orient, son rôle séculaire au profit des Russes, et en vertu d'une sorte de compromission tacite qui serait une véritable désertion nationale?

Ou bien a-t-on craint la poussée d'opinion qui, dans notre France toujours chevaleresque, forcerait nos gouvernants à agir, à prendre en mains la cause des persécutés, comme en 1860 Napoléon III avait pris celle des victimes du Liban?

Et cependant, qu'étaient ces massacres, qui avaient dévasté une dizaine de localités, dans un seul district, auprès de ceux qui viennent de décimer un peuple tout entier, de ravager onze grandes provinces, de détruire des milliers de villages chrétiens, et de couvrir de sang et de ruines un territoire plus vaste que la France?

En 1860, la première pensée des Maronites persécutés, comme aujourd'hui des Arméniens, fut de tourner leurs regards vers la France, d'où ils attendaient le salut dans le présent et une protection efficace pour l'avenir.

Un vieillard libanais, frappé dès le premier jour par le fer des Druses, appela son fils, le célèbre patriote Joseph Karam, et lui dit, se sentant mourir : « Youssef, j'exige de toi un serment ! Quand les chrétiens de France viendront au secours de leurs frères du Liban, tu courras au cimetière. Là, tu t'agenouilleras sur ma tombe, et, tout bas, tu me murmureras à l'oreille la bonne nouvelle, pour que moi aussi, sous la terre, je tressaille de la joie du pays! »

Les cent mille Arméniens tombés en haine du nom chrétien sous le cimeterre musulman ont eu au cœur, eux aussi, un dernier et fortifiant espoir : les chrétiens de France viendront au secours de leurs frères d'Arménie!

Ils attendent toujours, là-bas, aux sources de l'Euphrate, dans cet immense cimetière qui s'étend des cimes du Taurus aux plateaux de l'Ararat, que leurs veuves et leurs orphelins viennent enfin leur apprendre la bonne nouvelle qui fera tressaillir, dans leurs tombes encore fraîches, tout un peuple de martyrs : les *Frangis* arrivent!

Mais viendront-ils?

Les « chrétiens de France » iront-ils au secours des cinq cent mille Arméniens qui sont actuellement sans pain, sans abri, sans vêtements et qui sont en péril imminent ou d'apostasier ou de mourir de faim?

Puisque la France gouvernementale semble vouloir oublier sa mission séculaire et s'obstine à ne point agir, il appartient à la France chrétienne de ne pas laisser périmer ses droits en Orient, et de maintenir *quand même*, sur les chrétiens du Levant, le protectorat qu'elle a toujours exercé et que lui reconnaissent, d'ailleurs, les conventions internationales.

Si donc, par suite du malheur des temps, ce n'est plus comme jadis par les armes, ce sera par la charité, par les aumônes, par les offrandes, que tous les Français, unis dans un seul et *généreux* élan, voudront aller aujourd'hui au secours de leurs frères malheureux !

« C'est bien le moins, m'écrivait tout récemment un vénérable chef de famille qui, après avoir lu mon premier appel, réunit ses enfants et petits-enfants, pour demander à chacun son offrande : c'est bien le moins vraiment, en face d'une si exceptionnelle détresse, que chacun, quelle que soit sa fortune ou sa misère, s'impose de donner, pour la défense de sa foi et selon ses moyens, un peu d'argent ou un peu d'or à ces généreux chrétiens d'Arménie qui, eux, ont donné leur sang ! »

Qu'on lise les pages qui vont suivre, et la cause de nos pauvres frères d'Arménie est sûrement gagnée.

F^x CHARMETANT.
Directeur général de l'Œuvre d'Orient.

Paris, le 10 mars. Fête des Quarante Martyrs Arméniens de Sébaste.

UN MOT SUR CE DOCUMENT

Le tableau que nous publions ici a été communiqué officiellement par les six ambassades de Constantinople, vers la fin de janvier, à leurs gouvernements respectifs. Chacune des six grandes puissances a reçu deux exemplaires de ce tableau. Il est imprimé *en français* et a la même disposition typographique que nous avons fait reproduire.

Chaque ambassadeur a pris soin de faire remarquer à son gouvernement que ce tableau, dressé et rédigé par un comité de délégués des six ambassades, avait été fait d'*après les rapports officiels de leurs consuls*, tous témoins des événements qui y sont consignés; et si, pour quelques détails particuliers, on a admis le témoignage oculaire des missionnaires européens — catholiques ou protestants, — c'est seulement lorsque les événements s'étaient passés sous leurs yeux. On a, par contre, soigneusement écarté tous les renseignements qu'auraient pu fournir les indigènes et le clergé. Aucun témoignage arménien n'a été admis.

Quant au nombre des victimes de chaque localité, le comité de rédaction de ce document n'a fixé un chiffre que dans les seuls cas où les données en sa possession étaient de nature à pouvoir établir *une évaluation exacte*. Dans tous les autres cas, ils se sont abstenus. Les enquêteurs eux-mêmes font remarquer que, dans toutes les régions où le chiffre des massacrés, quelque considérable qu'il soit, n'a pu être établi d'une façon absolument indéniable, ils n'en ont inscrit aucun dans le tableau! C'est le cas, en particulier, pour les nombreux villages que le rapport indique comme complètement ravagés, et spécialement pour tous les districts de la région de Van, Kharpout et Diarbékir. Là, en dehors des principales localités, aucune mention de morts n'a été faite; et cependant c'est dans ces districts précisément que les massacres ont été les plus épouvantables et que le sang chrétien a coulé avec plus d'abondance.

Or, le nombre des victimes portées sur ce tableau, dans des

conditions aussi restreintes, s'élève à vingt-cinq ou trente mille ! chiffre qui représente à peine le quart du nombre total des massacrés et permet de porter sans exagération à plus de **cent mille** le nombre des victimes.

Voici, d'ailleurs, la traduction exacte et presque mot à mot de la lettre adressée au gouvernement anglais par Sir Philippe Currie, l'un des ambassadeurs qui ont coopéré à la rédaction de ce document.

Péra, 30 janvier 1896.

My Lord. J'ai l'honneur de transmettre à Votre Seigneurie, sous ce pli, deux copies d'un tableau des faits qui ont connexion avec les présents troubles en Asie Mineure, préparé par un Comité de délégués des six ambassades.

L'objet de la composition de ce tableau est de donner un compte succinct des événements qui précédèrent les massacres ou les troubles dans chaque ville, dans laquelle ils ont eu lieu, de la perte de vie et des propriétés, autant que les détails étaient connus, et de l'attitude des autorités locales.

Il est principalement basé sur la collation des rapports consulaires adressés aux différentes ambassades. Pourtant quelques-uns des détails concernant les vilayets de Sivas, Kharputh, Adana, Diarbékir et Alep sont fournis par des prêtres catholiques, ou par des missionnaires protestants, *non natifs* du pays; mais leur évidence était admise seulement lorsqu'ils décrivaient les événements dont ils ont été témoins oculaires et qui étaient en conformité avec la teneur générale des rapports officiels.

Le nombre des victimes a été admis dans les seuls cas où les données étaient de nature à établir une appréciation exacte. Il a été souvent impossible, particulièrement dans le cas des villages, sur le sort desquels on n'a pu connaître rien, sinon que la région, dans laquelle ils se trouvaient, a été dévastée. Ainsi il n'y a aucune mention de la perte de vies dans les districts des villages de Va.., Kharputh, ou Diarbékir. La perte totale sur laquelle on pouvait obtenir une information exacte, monte environ à 25,000 personnes, et, si nous y ajoutons les massacres sur lesquels il n'y a pas de détails, l'estimation peut monter à un chiffre fort supérieur.

Je suis, etc.,

Philippe Currie.

(Le *Times* du 18 février 1896, page 10, colonne 5.)

Sir Philip Currie to the Marquis of Salisbury, Received February 3.

Pera, January 30, 1896.

My Lord. Y have te honour to transmit to your lordship herewith two copies of a tabular statement of faits connectd with the present disturbances in Asia Minor prepared by a comitee of delegates from the six embassies.

The object of this statement is to give a succinct account of the events which preceded the massacres or disturbances in each town where they occurred, of the loss of life and property as far as the details are known, and also of the attitude of the local authorities.

It is mainly based on a comparison of the Consular reports adressed to the various Embassies. Some of the details, however, respecting the vilayets of Sivas, Kharput, Adana, Diarbekir, and Aleppo are derived from catholic priests and protestant missionnaries, not natives of this country, but their evidence was admitted only when they described events of which they where eye-witness, and when it was in harmony with the general tenour of the official reports.

The number of victims has been entered only in those cases where there exist *data* for forming an accurate estimate. This was often found to be impossible particularly, in the case of villages respecting whose fate nothing was known except that the region in which they were situated had been devastated. For instance, there is no record of the loss of life in the country districts of Van, Kharput, or Diarbekir. The total loss, respecting which accurate information was obtainable, amounts to about 25,000 persons, and if we add to this the massacres respecting which there are no details, the estimate may be increased to a much higher figure.

I have, etc.,

Philip CURRIE.

(The *Times*, tuesday, February 18, 1896.)

Quelques jours après la communication officielle de ce tableau des massacres aux six grandes puissances, les ambassadeurs adressèrent le même document au gouvernement turc avec une note ainsi conçue :

« COMMUNICATION COLLECTIVE FAITE A LA SUBLIME PORTE.

» Les représentants des grandes puissances ont jugé nécessaire de faire un tableau résumant leurs informations sur les événements d'Anatolie.

» Ces informations, vérifiées dans la mesure du possible, proviennent de sources européennes ou sont tirées des rapports consulaires. Elles se limitent aux localités où les ambassades ont pu se procurer des renseignements dignes de foi et n'émanent pas de sources intéressées.

» Les représentants des grandes puissances croient devoir mettre un exemplaire de ce travail à la disposition de la Sublime Porte.

» Péra, le 4 février 1896. »

*Suivent les signatures des ambassadeurs
des six grandes puissances.*

Vilayet de Trébizonde

LOCALITÉS	DATES	MORTS	Récit des événements. — Leurs causes	ATTITUDE DES AUTORITÉS ET DE LA POPULATION
TRÉBIZONDE	2 oct.		Bahri Pacha, ex-vali de Van, et Hamdi Pacha, général commandant la subdivision militaire, sont légèrement blessés de deux coups de feu attribués à des Arméniens.	
	4 oct. 5 oct.		Une vive agitation est causée parmi les Musulmans par la nouvelle des troubles survenus à Constantinople le 30 septembre. Dans la soirée du 4, **trois mille Musulmans en armes**, venus en partie des villages voisins, **pénètrent dans la ville et attaquent les quartiers chrétiens**. D'après le vali, le point de départ des incidents est une querelle privée entre Arméniens et Turcs, mais le fait qu'une partie des manifestants musulmans étaient venus de villages, situés à plusieurs heures de distance de Trébizonde, **prouve une préméditation évidente de leur part**. Du reste, **les Musulmans de la ville avaient fait dans la journée des achats considérables d'armes au Bazar** et *avaient également tenté de s'emparer d'un dépôt d'armes*. Les consuls font immédiatement une démarche auprès du vali, revenu en ville de la campagne, au cours de la manifestation.	L'attitude du vali a été satisfaisante ; celle des autorités militaires, tardive et hésitante. Le fait indiqué par les autorités comme origine des incidents paraît inexact. La querelle a eu lieu entre Musulmans seuls.
	8 oct.	600 environ dont 20 Musulmans.	Vers midi une panique se produit dans toute la ville et des coups de feu retentissent de toutes parts. **L'enquête des consuls démontre qu'aucune provocation n'est venue des Arméniens.** La ville était dans le calme lorsque, **sur un signal donné par un coup de trompette**, l'émeute commença. Elle cessa également, vers trois heures, sur un signal analogue. Tous les Arméniens, surpris dans les rues, sont massacrés. Les assassins pénètrent aussi de force dans les boutiques, tuent les marchands et pillent les marchandises. Seules, **par suite d'un mot d'ordre évident**, les habitations des étrangers sont épargnées. Cent cinquante personnes se sont réfugiées au consulat de Russie. Tous les autres consulats ont aussi donné asile aux fugitifs poursuivis par les assassins. L'établissement des Frères de la Doctrine chrétienne en a recueilli plus de deux mille jusqu'au 15 octobre. Plus de soixante Arméniens se sont réfugiés à bord du paquebot russe et ont pu avec peine échapper aux poursuites acharnées des bateliers *qui cherchaient à les tuer avant qu'ils fussent arrivés à bord*.	**Au signal donné**, les Mahonadjis, *lazes du port*, ont couru à leurs embarcations pour y chercher leurs armes. En maints endroits, **des soldats ont été surpris assistant les assassins et les pillards**. Des *officiers supérieurs* ont été vus *faisant charger des objets pillés sur des voitures et les faisant transporter chez eux*. **Le pillage a été toléré par l'autorité jusqu'au soir**. Le 10 seulement, cent cinquante hommes de troupe, promis par le vali depuis le 5, arrivent de Rizé. Huit ont été condamnés à mort et vingt-cinq à plusieurs années de prison.
	24 nov.		Une menace de nouveaux troubles a été dissipée assez rapidement. Plus de quinze cents Arméniens, dans le mois qui a suivi les troubles, se sont embarqués pour la Russie. Les pertes matérielles, subies par les Arméniens de cette ville, sont évaluées à 200 000 Ltq. (environ 5 000 000 de francs).	La **cour martiale**, instituée *pour rechercher les auteurs des crimes du 8 octobre*, s'est bornée à *donner des conseils aux Musulmans*. Quant aux Arméniens, ils ont été arrêtés en masse, sous prétexte de les soustraire aux entreprises des Musulmans.

Vilayet de Trébizonde

LOCALITÉS	DATES	MORTS	Récit des événements — Leurs causes	ATTITUDE DES AUTORITÉS ET DE LA POPULATION
TRÉBIZONDE			Depuis, la confiance n'a pu renaître. **La ville est ruinée au point de vue économique** et les chrétiens demeurent à juste titre très inquiets. Les Grecs de la campagne émigrent en nombre.	
	24 nov.	107	Parmi les villages pillés de la région de Trébizonde, on peut citer ceux de : **Mala**, cinquante morts, — **Bujuk-Samorouk-Sou**, dix-huit morts, — **Kutchuk-Samorouk-Sou**, huit morts, — **Barian**, dix-huit morts, et **Zefanos**, treize morts.	
GUMUCH-HANÉ	25 oct.	100 Arméniens et quelques Grecs	Les Musulmans ont massacré les Arméniens dans la localité et les villages environnants. Avant de procéder au massacre, les Musulmans, réunis sur la place publique, *ont séparé les Arméniens des autres chrétiens* et ont fait ranger ceux-ci de leur côté, afin de ne pas les confondre avec leurs victimes, *désignées d'avance*.	
	26 oct.		Les villages de la région : **Hassova** — **Armoudan** — **Zommara** — **Pingian** — **Agovannes** — **Iban** — **Toretz** — **Sarindick** — **Edzbeder** — **Agrokouz** — **Ilamlik** ont été pillés.	
SAMSOUN	7 déc.	(Chiffre inconnu)	Le village de **Kabadjeviz** est envahi par la bande du brigand **Kaïkjioglou**. Quelques Arméniens sont tués, le reste se réfugie dans la campagne.	
	13 déc.		Une panique se produit à **Samsoun**, surtout parmi les Grecs. Le mutessarif rétablit le calme assez rapidement.	
AGHDJA-GUNEY	14 déc. 15 déc.		A **Aghdja-Guney**, localité du caza de **Tcharchamba**, sandjak de **Samsoun**, les rédifs envoyés pour protéger les villages de la région contre les brigands se livrent à toutes sortes d'excès contre les habitants, pillent leurs maisons, dévalisent l'église arménienne, profanent les objets du culte, en présence du prêtre, qu'ils ont lié avec des cordes, et déclarent qu'ils continueront à traiter les Arméniens de la même façon, *tant qu'ils ne se convertiront pas à l'islamisme*.	

Vilayet d'Erzeroum

LOCALITÉS	DATES	MORTS	Récit des événements. — Leurs causes.	ATTITUDE DES AUTORITÉS ET DE LA POPULATION
ERZEROUM	6 oct.		Deux Arméniens sont tués dans la ville. Ce meurtre et la nouvelle des troubles survenus à Trébizonde, le 5 et le 8, causent une vive inquiétude parmi les Arméniens. — Le 28, les Musulmans pillent le village de **Tifnik** près Erzeroum.	Bien que, au commencement d'octobre, les patrouilles aient été renforcées, l'autorité, en dépit des efforts faits par les consuls pour obtenir des mesures propres à calmer la population et désarmer les Musulmans, ne s'est guère occupée que *d'arrêter les Arméniens*: **la population turque se préparait cependant au grand jour en vue d'un massacre.**
		(Chiffre inconnu)	Dans les derniers jours du mois, *une quarantaine de villages arméniens du caza de Terdjan sont saccagés et incendiés*. — Les habitants sont massacrés en grand nombre. On peut citer notamment les villages de :	*La participation ouverte des officiers et des soldats au massacre et au pillage* **a été constatée par les consuls.**
		15	**Pakaridji** : deux cents maisons pillées. Les habitants qui échappent au massacre *sont de force convertis à l'islamisme.*	Les troubles n'ont été arrêtés qu'une fois les boutiques complètement saccagées *et leurs habitants massacrés ; les meurtres et le pillage ont continué toute la nuit du 30 au 31 octobre et la nuit suivante dans les quartiers isolés.*
		8	**Poulk** : quatre-vingts maisons pillées. *Les habitants épargnés sont obligés de se faire musulmans.*	
		30	**Pirij** : cent vingt maisons pillées. *Les habitants épargnés sont obligés de se convertir à l'islamisme.*	
			Les seuls villages arméniens épargnés du caza, **sur quarante**, sont Karakoulak, Maugh, Hoghegh.	
PASSEN	30 oct.	400 12 Turcs	Le massacre des Arméniens à Erzeroum commence à midi, le pillage des maisons et des boutiques dure jusqu'au soir. — De nombreux villages aux environs de la ville sont saccagés.	Ce n'est guère qu'après ces faits que les autorités se sont occupées du soin des blessés et des gens sans ressources, et de la recherche des objets volés. Dans la suite, **deux cents Turcs et laues pillards ont été arrêtés** et l'autorité affirme en avoir fait fusiller plus de cent (?).
			En dehors des quatre cents victimes constatées par les consuls, **un grand nombre d'autres Arméniens ont disparu.** De nombreux blessés sont transportés à l'ambulance établie chez les Frères de la Doctrine chrétienne.	
			Quinze cents boutiques et quelques centaines de maisons ont été pillées.	
	3 nov.		Nouveaux troubles. — Quelques victimes arméniennes.	Mais le chef kurde, Hussein Pacha Haiderenli, mandé pour rendre compte de sa conduite, *n'est pas traduit devant le Conseil de guerre*, bien que les charges les plus graves pèsent sur lui.
	25 nov.		Une panique se produit au cours de laquelle un Arménien est tué et dix blessés.	
	10 déc.		Nouvelle panique, mais sans effusion de sang.	
	27 nov. 28 nov.	140	Le monastère de **Hassankalé** est pillé et incendié, l'**évêque** et les habitants massacrés sauf un.	Quant aux rédifs, convoqués dans la suite, ils sont animés du plus mauvais esprit et ils déclarent que, s'ils doivent partir pour obéir aux ordres du Sultan, *il leur faudra auparavant* **nettoyer** *le pays de tous les Chrétiens.*
			Quatorze autres villages du caza sont pillés. Les villages épargnés sont :	
			Delibala, qui a résisté ;	
			Kamazor, qui a payé une rançon de 20 somars de blé et 10 Ltq. ;	
			Dodoveran, qui a payé une rançon de 16 somars de blé ;	
			Ichgon, qui a payé une rançon de 30 Ltq.	
			Parmi les villages pillés dans ce caza on peut citer :	
			Youzveren — Ekebad — Chihou — Krtabaz — Yagan — Keupru Keuï — Tordan — Ertew.	

Vilayet d'Erzeroum

LOCALITÉS	DATES	MORTS	Récit des événements. — Leurs causes.	ATTITUDE DES AUTORITÉS ET DE LA POPULATION
OYA	27 nov. 28 nov.	2	Les villages suivants de ce caza ont été pillés et incendiés : **Tchipek**, complètement saccagé.	
			Arzati, » »	
			Dinarikom, » »	
		2	**Umudum**, » » L'église a été incendiée ; le prêtre et un autre Arménien ont été tués.	
			Keghakhor, complètement saccagé.	
			Gherltchk » »	
			Gherdjengoz, » »	
		4	**Tevnik**, » » L'église pillée ; le prêtre et trois Arméniens tués.	
		5	**Ozni**, complètement saccagé ; l'église pillée, le prêtre et trois Arméniens tués.	
			Badishen, complètement saccagé.	
			Pelour, » »	
			Iledja, les maisons des Arméniens riches ont été saccagées.	
			Abelhendi, complètement saccagé.	
		3	Salazzor, » »	
		2	Tarkouni, » »	
		1	**Komk**, » » L'église pillée et le prêtre tué.	
			Sengarig, » »	
			Gueuz, » »	
			Rabat, » »	
			Ukdazor, » »	
		1	**Katchga-Vank**, complètement saccagé. L'archimandrite blessé et un Arménien tué.	
			Sengoutli » »	
			Soouk Tchermak a évité le pillage en payant une rançon de 120 Ltq. (2 800 fr.)	
ERZINDJIAN	21 oct.	plusieurs centaines	Des troubles et des massacres d'Arméniens ont éclaté à la suite — dit l'autorité — du meurtre d'un mollah par les Arméniens. — D'après les sources officielles, soixante-quinze Arméniens auraient été tués. Les consuls évaluent le nombre des victimes à plusieurs centaines dont sept Musulmans.	
BAIBOURT	27 oct.	650 700 (Chiffre inconnu) (d°)	Une bande armée de Musulmans à cheval, commandée par un déserteur, Tchaldaroglou, venant de Surméné (caza du sandjak de Trébizonde), ravage de fond en comble les villages des environs de Baïbourt. Plus de six cent cinquante Arméniens ont péri dans la ville ; **dans les villages toute la population mâle a été massacrée.** Plus de **cent soixante-cinq villages** ont été dévastés. Ceux de *Narzahan* et de **Loussoukli** ont été particulièrement éprouvés. M. Bergeron, consul de France à Erzeroum, qui, retournant en France en congé, a parcouru le pays, a trouvé la région *entre Baïbourt et Gumuch-hané* (vilayet de Trébizonde) complètement dévastée. En passant près de *Narzahan*, il a vu enfouir dans une fosse une centaine de cadavres d'Arméniens. Les routes étaient sillonnées de bandes de femmes et d'enfants errant sans asile, ni nourriture, ni vêtements. **Plusieurs villages ont dû embrasser l'islamisme pour échapper à la destruction.**	Les autorités ont laissé faire les émeutiers et **leur responsabilité est gravement engagée.** On a constaté que beaucoup de Musulmans possédaient des armes empruntées à la troupe ; des soldats ont participé au massacre et au pillage.
KIGHI	14 oct. 16 oct.		Neuf villages sont pillés dans le caza. La ville est assiégée par les Kurdes.	
BAYAZID	23 oct.	près de 300	Un massacre d'Arméniens a lieu dans la ville.	

Vilayet de Bitlis

LOCALITÉS	DATES	MORTS	Récit des événements. — Leurs causes.	ATTITUDE DES AUTORITÉS ET DE LA POPULATION
BITLIS	25 oct.	près de 800	Au sortir de la mosquée, les Turcs attaquent les Arméniens sans provocation aucune de la part de ceux-ci. **Le massacre a commencé et a cessé au signal du clairon.** D'après les consuls, le nombre des morts s'élève à près de huit cents. D'après les autorités ottomanes il ne serait que de cent soixante-neuf, dont trente-neuf Musulmans. Le nombre des blessés serait de cent cinquante, dont cent trente Musulmans. On signale dans la ville et dans les villages un grand nombre de conversions à l'islamisme.	
SASSOUN et TALORI	10 nov.	(Chiffre inconnu)	Un certain nombre de villages arméniens de la région sont pillés. On peut notamment citer le village de « **Ichkentzor** », qui a été complètement saccagé et dont les habitants ont été massacrés.	
MOUCH	15 nov.		Une vingtaine d'Arméniens sont massacrés par les Musulmans. Les troubles sont rapidement réprimés par le mutessarif de Mouch, Feham Pacha.	La responsabilité des menaces de massacres et des troubles survenus retomberait sur le cadi de Mouch. Ce n'est que par l'énergie et le zèle du mutessarif et du mufti que la ville a été sauvée d'un désastre complet.
SEERT	19 nov.		Un village des environs de Seert est attaqué et pillé par les Musulmans.	
		(d°)	A Chabakehour, tous les Arméniens **survivants** au massacre se sont **vus obligés de devenir musulmans.**	L'autorité use de tous les moyens pour forcer les Arméniens à signer une déclaration constatant que ce sont eux qui ont provoqué les troubles.
	déc.	(d°)	Les Musulmans massacrent un nombre considérable de chrétiens chaldéens et arméniens. Beaucoup de maisons habitées par des *Syriens* et des *Jacobites* sont pillées. Un grand nombre de villages des alentours, habités par des *Syriens*, des *Chaldéens* et des *Jacobites*, sont détruits. On peut citer notamment ceux de : **Mar-Yacoub — Berkè — Telmechar — Beïncof.**	

Vilayet de Van

LOCALITÉS	DATES	MORTS	Récit des événements. — Leurs causes.	ATTITUDE DES AUTORITÉS ET DE LA POPULATION
VAN		(Chiffre inconnu)	**Adeldjavas.** — Dix-huit villages pillés par les Kurdes Haideranli, sous le commandement d'Emin et Tamir Pachas. — Au village d'**Arrin**, neuf personnes sont tuées. — A **Ardjist**, le monastère de Mezopé est pillé par Hassan Agha, père d'Emin Pacha. A **Pani**, deux hommes et une femme sont tués et dix villages des environs pillés.	
		(d°)	**Cent soixante villages** situés autour du lac de Van dans les vilayets de Van et de Bitlis sont pillés du 1er au 20 novembre. Le nombre des victimes paraît avoir été moins considérable que dans les vilayets voisins.	
	25 oct.		**Seraï**, chef-lieu du caza de Mahmoudié, dans le sandjak de Hekkiari, notamment, a été pillé le 12 novembre par les Kurdes, sous le commandement de Houssein Bey Takouri, kaïmakam des Hamidiés.	
		(Chiffre inconnu)	**Bachkalé, Gargan, Sparghird, Shattak, Khoshab, Bergeri, Elbak,** ont été pillés. — **Dix mille personnes** sont dans un état de dénûment complet. A **Khizan**, quelques **Arméniens seulement** ont pu se sauver en acceptant l'islamisme. **Ils auraient été con-**	L'autorité n'est pas intervenue malgré la présence des troupes.
	10 nov.		**traints de tuer leurs parents qui refusaient de devenir musulmans.** **Bogaz-Kessen** et **Hazira** ont été pillés par des Kurdes, ainsi que **Dermen**, où l'attaque a été conduite par les Hamidiés sous le commandement d'Achmed Khan, de la tribu de Chemsiki Dedim.	
	10 nov.		**Haigatsor** est pillé. Le chef notable arménien d'Azvazashen a été tué. **Lamazguird** a été attaqué quatre fois par les Kurdes. A **Mikhnir**, six Arméniens ont péri. A **Marmied**, une jeune fille ayant été enlevée, un Arménien s'est hasardé à faire des remontrances à ce sujet; il a été tué. **Arshag** est attaqué par les Kurdes qui sont repoussés par les soldats; quelques Kurdes sont tués.	

Vilayet de Maamouret-ul-Aziz

LOCALITÉS	DATES	MORTS	Récit des événements. — Leurs causes.	ATTITUDE DES AUTORITÉS ET DE LA POPULATION
KHARPOUT	10 et 11 nov.	plus de 590	Les Kurdes et les Musulmans attaquent les quartiers arméniens et massacrent les habitants. *Le supérieur de la mission des Capucins a failli être tué. La mission américaine est détruite et un grand nombre des Chrétiens survivants se voient obligés de se convertir à l'islamisme.*	Les officiers et les soldats prennent part au butin.
		(Chiffre inconnu)	*Plus de* **soixante** *villages*, situés aux environs de Kharpout, sont dévastés. D'après une communication du vali d'Erzeroum aux consuls, le nombre des morts serait de quatre-vingt-douze, dont douze Musulmans. Les hospices dirigés par les Capucins sont remplis de blessés.	Les Kurdes prétendent être de connivence avec l'autorité; celle-ci finit par comprendre qu'elle doit agir, mais trop tard, et, **comme les officiers, les soldats et les gendarmes ont pris part au pillage**, elle n'ose sévir contre personne.
		193	*Une caravane de* **deux cents** *Arméniens*, renvoyés d'Adana à Kharpout, leur pays d'origine, est attaquée par les Kurdes qui en tuent **cent quatre-vingt-treize**. *Les gendarmes, au lieu de les protéger, prennent part au pillage.*	
			Il est impossible de préciser le nombre des localités dévastées et des Arméniens disparus. Mais il résulte de l'ensemble des *informations parvenues aux consuls que* **toute la région a été ravagée**.	
		(Chiffre inconnu)	Le chiffre de la population chrétienne étant fort élevé dans cette région, on peut craindre que le nombre des victimes ne soit très considérable.	
ARABKIR	1er au 5 nov.	2800	Les Kurdes et les Turcs en armes se jettent sur les Chrétiens et saccagent la ville. D'après les renseignements officiels, le nombre des victimes serait de deux cent soixante, dont soixante Musulmans. D'après les renseignements consulaires, **le pillage et l'incendie ont duré dix jours**. Plusieurs églises ont été profanées; **deux mille quatre cents** maisons environ ont été pillées; **deux mille huit cents** Arméniens environ ont péri. Les femmes et les enfants survivants sont réduits à la misère. Le village voisin d'Ambargha a vu **tous ses habitants massacrés sauf trois**. — Soixante maisons y ont été saccagées. Au village de Chenig, **il ne reste que six habitants**. Tous les autres villages de la plaine sont plus ou moins ravagés.	Après les premiers jours, des bandes de Musulmans venus de la campagne se sont joints à ceux de la ville. Après la fin des incendies, la police a fait des perquisitions et **tous les hommes échappés au massacre ont été incarcérés**. — On n'a pas de nouvelles de leur sort. L'autorité a fait distribuer du pain aux malheureux pendant quelques jours, puis a cessé ce secours.
EGHIN	8 nov.	(Chiffre inconnu)	Les Kurdes de Dersim attaquent le village de Gamaragah. Trois cents maisons sont saccagées et un quartier de trente et une maisons complètement incendié. **Les habitants sont en partie massacrés. Le reste a dû embrasser l'islamisme.** Eghin même a été épargnée en payant aux Kurdes une rançon de 1 500 livres turques (35 000 francs environ). Abou-Cheikh a été épargnée en payant aux Kurdes une rançon de 200 livres turques (environ 5 000 francs). A Pinguian, 250 maisons ont été pillées. A Armadan, 130 » » » A Lidjk, 220 » » » A Simara, 80 » » » A Teghoud, 140 » » » A Mouchechgak, 130 » » » A Narver, 60 » » »	

Vilayet de Maamouret-ul-Aziz

LOCALITÉS	DATES	MORTS	Récit des événements. — Leurs causes.	ATTITUDE DES AUTORITÉS ET DE LA POPULATION
MALATIA	29 oct. 4, 5, 6, 7, 8, 9 nov.	(Chiffre inconnu) 3000	Les habitants de toutes ces localités **ont été en partie massacrés** Ceux qui ont pu échapper ont dû se convertir à l'islamisme. Une première alerte se produit et les Arméniens se réfugient chez eux. Les nouvelles des massacres dans la région contribuent à entretenir le trouble pendant les jours suivants. Les Kurdes et les Turcs se jettent sur les Chrétiens et pendant six jours les massacres et le pillage continuent. Les Arméniens se réfugient dans les églises pour fuir le pillage et l'incendie. *Les capucins catholiques sont maltraités et frappés.* Leur maison, leur école et leur église sont brûlées. *D'abord transportés, le lendemain soir, avec une foule d'Arméniens catholiques, dans une grande caserne,* **ils y demeurent trois jours et trois nuits** *dans une chambre,* **sans nourriture.** Leurs pertes s'élèvent à cent vingt mille francs. Le nombre des morts est estimé à **trois mille au moins**, dont beaucoup de femmes et de jeunes gens. Un nombre assez considérable *est forcé de se convertir à l'islamisme.* **Toutes les maisons arméniennes sont brûlées.** Les maisons et l'église orthodoxe du village de Gumuch-Meidan ont été saccagées. Dans le village de Mamcha, trente maisons ont été pillées.	**Pendant vingt-quatre heures, le mutessarif laisse le massacre et le pillage continuer.** Le 5 au soir seulement, il fait dire à l'évêque arménien-catholique que si ses fidèles réfugiés à l'église veulent être protégés, ils doivent livrer leurs armes; ce n'est qu'après qu'il consent à les faire évacuer sur la caserne. Le 6, il fait de même pour trois mille Arméniens-Grégoriens, réfugiés à l'église de la communauté. Le 9 novembre seulement, il fait passer les Pères dans la maison d'un musulman.

Vilayet de Diarbekir

LOCALITÉS	DATES	MORTS	Récit des événements. — Leurs causes.	ATTITUDE DES AUTORITÉS ET DE LA POPULATION
DIARBEKIR	1er nov.	160 Arm.-grég. 10 Arm.-catholiques 150 Syr.-orthod. 3 Syriens catholiques 14 Chald. 3 Grecs 11 Protest. 1701 maisons pillées 2448 bout. pillées et incendiées Pertes matérielles: 2 000 000 de Ltq. 50 000 000 de francs	Les *Kurdes de la campagne entrent dans la ville le matin et, unis aux Musulmans, pillent le marché, l'incendient, puis* **massacrent les Chrétiens de tous rites. Les soldats, les zaptiés et les Kurdes s'unissent pour tirer sur les Chrétiens.** **Le carnage dure trois jours.** Les Turcs affirment que les Chrétiens ont provoqué le massacre en pénétrant dans les mosquées et en tuant des Musulmans. Cette affirmation est absolument erronée. Le 30 octobre, le consul de France signalait plusieurs réunions tenues chez un certain Djémil-Pacha et auxquelles assistaient le cheikh de Zeilan et son fils (déjà compromis dans le massacre de Sassoun). *Les projets les plus sinistres* **contre les Chrétiens** *y avaient été discutés. Des placards avaient été apposés sur les murs des mosquées. Les Musulmans, mal informés sur la teneur des réformes décidées par S. M. le Sultan, avaient envoyé au Sultan un télégramme de protestation et* **annonçaient leur intention de se venger des Chrétiens le vendredi 1er novembre,** *au cas où la réponse ne serait pas satisfaisante.* **La préméditation était donc évidente** *de leur part et la panique des Chrétiens justifiée.* On remarquait, en outre, depuis quelque temps une excitation insolite parmi les Musulmans, qui faisaient des achats considérables d'armes et de munitions. Plus de sept cents Chrétiens se réfugièrent au consulat de France. Cinq fois les Kurdes voulurent attaquer la maison consulaire, mais sans succès.	Aniz Pacha, vali intérimaire, *affiche une hostilité ouverte contre les Chrétiens.* Confirmé dans le poste de vali, au commencement d'octobre 1895, il débute par les irriter et semer la discorde entre les fidèles et le clergé, en forçant celui-ci à *signer un télégramme remerciant le Sultan de lui avoir définitivement confié le poste de vali.* Des troubles sérieux faillirent éclater au sein des communautés religieuses, qui reprochaient amèrement à leurs chefs spirituels la faiblesse dont ils avaient fait preuve en face du vali. Au consul de France qui lui signalait l'agitation inquiétante des Musulmans, le vali affirme qu'il ne craint rien de leur part et qu'il répond de l'ordre. Au cours du massacre, le cinquième jour, il refusait encore au consul de France d'envoyer une garde pour l'intérieur du couvent des capucins.

Vilayet de Diarbekir

LOCALITÉS	DATES	MORTS	Récit des événements. — Leurs causes.	ATTITUDE DES AUTORITÉS ET DE LA POPULATION
MARDIN	28 nov.	nombre inconnu	De nouveaux troubles éclatent pendant la nuit et sont assez vite réprimés. Toute la région des alentours a été dévastée par les Kurdes; **on estime à trente mille le nombre de ceux qui ont vu leurs familles décimées et leurs villages détruits.** En dehors des morts dont les cadavres ont été retrouvés, beaucoup d'Arméniens ont péri dans les flammes et **un grand nombre de corps ont été jetés dans l'incendie, par ordre de l'autorité.** Mille Chrétiens de la ville et mille villageois qui travaillaient en ville ont disparu. **Cent dix-neuf villages** du sandjack sont pillés et incendiés.	**Pour rétablir l'ordre, il fait désarmer les Chrétiens,** mais, par contre, laisse les Musulmans armés. Il supprime à la communauté arménienne, qui a quatre cents familles à nourrir, les quelques secours accordés par le gouvernement, parce que l'évêque a refusé de signer un télégramme reconnaissant la culpabilité des Arméniens.
	31 déc.		L'agitation recommence parmi les Kurdes et une forte panique se produit parmi les Chrétiens.	Abdullah Pacha, commissaire impérial, et le commandant militaire font rentrer les Kurdes dans l'ordre.
	7 nov.		La ville est en grand danger, mais évite le massacre. Toute la région est dévastée. *Le grand village arméno-catholique de* **Telarmen** *est complètement saccagé. Ses habitants se réfugient à Mardin.* Le village grec-orthodoxe de **Pakoz**, contenant cent familles avec le prêtre, se voit obligé de se convertir à l'islamisme.	

Vilayet de Sivas

LOCALITÉS	DATES	MORTS	Récit des événements. — Leurs causes.	ATTITUDE DES AUTORITÉS ET DE LA POPULATION
SIVAS			La question des réformes administratives à introduire en Asie Mineure a particulièrement agité le vilayet de Sivas, où l'élément arménien est important et riche. Dès le commencement de novembre, des nomades kurdes du vilayet de Trébizonde envahissent le vilayet de Sivas et, unis aux Musulmans, pillent et brûlent des villages arméniens. On signale dès cette époque un certain nombre de victimes à Kara-Hissar — Zara — Divreghi — Derendé — Soucheri.	Le vali rassemble mille rédifs et cent zaptiés auxiliaires, mais ne peut obtenir de la Porte les autorisations lui permettant de prendre les mesures efficaces.
	12 nov.	environ 1 500	A midi, une vive fusillade commence dans la ville. Jusqu'à trois heures les massacres et le pillage durent. L'émeute, un peu calmée le 13, reprend le 14. Le nombre des victimes se monte environ à 1 500. Toutes les boutiques appartenant aux Arméniens sont pillées, et le petit commerce qu'ils détiennent en entier est ruiné. Le soir du massacre, les muezzins, du haut des minarets, appelaient la bénédiction d'Allah sur le carnage. On a remarqué que les derviches excitaient particulièrement les Musulmans au massacre.	*Les soldats de garde, envoyés un peu tardivement au vice-consulat de France, murmuraient hautement d'être ainsi empêchés de participer, comme leurs coreligionnaires, au massacre et au pillage.* Le vali se rend au Bazar et parvient à calmer l'effervescence des Musulmans.
		nombre inconnu	Beaucoup de meurtres isolés et clandestins ont été commis les jours suivants dans la ville. La plupart des victimes ont été frappées à coups de haches et de barres de fer.	
	3 oct.		Une nouvelle alerte se produit.	

Vilayet de Sivas

LOCALITÉS	DATES	MORTS	Récit des événements. — Leurs causes.	ATTITUDE DES AUTORITÉS ET DE LA POPULATION
GURUN	12 nov.	nombre inconnu plus de 1 000	**Dans un rayon de dix kilomètres autour de la ville**, une foule de *villages arméniens ont été détruits et les habitants massacrés*. **Le nombre des victimes ne peut pas être fixé.** *Tous les moyens sont employés pour obliger les Chrétiens à signer des déclarations dans lesquelles des Arméniens sont représentés comme les provocateurs, et à dénoncer leurs coreligionnaires.* La ville assiégée par deux mille Kurdes qui ne sont, affirme-t-on, que des *rédifs déguisés*, contient quatre mille Arméniens. Après quatre jours de résistance, la ville est prise. Mille Arméniens, réfugiés dans leur église, auraient déposé leurs armes et auraient été épargnés. *On ne peut citer le nombre des Arméniens massacrés ; cependant des nouvelles officielles, parvenues à Sivas, permettent d'affirmer* **qu'il a été considérable.** Le 28 novembre **douze cents cadavres** gisaient encore dans les rues sans sépulture (quatorze jours après les massacres). *Mille maisons arméniennes ont été brûlées*, cinq cents ont été pillées ; les églises l'ont été également. *Cent cinquante femmes ou jeunes filles ont été enlevées par les Kurdes.*	L'autorité fait faire des perquisitions dans les maisons musulmanes pour rechercher les objets volés, mais elle charge de cette mission un certain **Selim Oglou qui s'est particulièrement distingué dans le pillage des villages voisins.**
CHABIN KARA-HISSAR CHARKI	27, 28, 29 oct. 1er nov.	plus de 3 000 dans la région 50 p. 100 de la population totale	Des scènes de pillage et de massacres se produisent dès la fin d'octobre. Le 1er novembre, *plus de deux mille personnes se trouvaient réfugiées dans l'église arménienne-grégorienne. Obligées de se rendre, elles ont été massacrées dans la région de Chabin-Kara-Hissar-Charki ; les femmes, les jeunes filles et les enfants ont été en grand nombre violés et tués.* Près de **trente villages** ont été saccagés. Parmi les plus éprouvés on peut citer : Enderès — Bousseyr — Anerli — Tamzara — Sirdik — Pourk — Sis — Mouchenotz — Azpouter — Anergue — Tsiferi — Oeghin — Armoutdagh. **40 à 50 p. 100 de la population arménienne a péri.**	
TOKAT	13 nov.		Des bandes de pillards essaient de pénétrer dans **Tokat** ; elles sont repoussées par la troupe. — Mais cent cinquante Arméniens, soupçonnés de faire partie des comités secrets, sont arrêtés. *Tous les villages* environnants dans la plaine de **Ard-Ova** *sont brûlés et pillés. Les pillards, lorsqu'ils ne pouvaient emporter toutes les provisions trouvées dans les maisons arméniennes, répandaient sur elles du pétrole afin de les rendre inutilisables pour ceux qui survivraient au massacre.*	Le commandant militaire a fait preuve d'une réelle énergie pour assurer la protection de la ville. **Les imans et les troupes ont participé au massacre.** Le mutessarif Békir Pacha a fait preuve d'une grande énergie dans la répression des désordres causés par les Musulmans, en dépit de la résistance d'Edhem Bey, commandant des rédifs, et des menaces de ses coreligionnaires.
ZILEH	28 nov.	200	Un massacre a lieu dans cette localité. Deux cents Arméniens ont péri et trois cents maisons ont été pillées.	

Vilayet de Sivas

LOCALITÉS	DATES	MORTS	Récit des événements. — Leurs causes.	ATTITUDE DES AUTORITÉS ET DE LA POPULATION
AMASSIA	15 nov. 16 nov.	1 000 environ	Les Musulmans attaquent les Arméniens, pillent les maisons et les boutiques, et massacrent les Chrétiens. Tous leurs établissements, y compris les moulins et les chantiers, sont saccagés. *D'après les données officielles, il n'y aurait eu que **quatre-vingts** victimes. D'après les informations des consuls, leur nombre se monterait à **un millier**. Le Yeschil Irmak notamment charrie un grand nombre de cadavres.*	
MARSIVAN	15 nov.	150	Une foule de Musulmans se jette sur les Chrétiens ; cent cinquante Arméniens sont tués ; cinq cents environ sont blessés. Les maisons et les boutiques, au nombre de *quatre cents*, sont pillées. *Les assassins ont même emporté les vêtements des morts dont les cadavres restaient nus dans les rues, sans sépulture.*	**Les soldats ont participé au massacre et au pillage.** *Le caïmakam a essayé de forcer les Pères Jésuites à signer une déclaration affirmant que la provocation était venue des Arméniens.*
KHAYZA	12 nov.	10	Des désordres se produisent au cours desquels dix Arméniens sont tués, et les boutiques tenues par les Chrétiens pillées.	
VÉZIR-KEUPRU	déc.	200	Des troubles éclatent dans cette localité. Le chiffre des victimes parmi les Arméniens, que les renseignements officiels fixent à *trente-huit*, serait, d'après les *informations des consuls*, de plus de *deux cents*. Trois cents maisons sont pillées.	

Vilayet d'Alep

LOCALITÉS	DATES	MORTS	Récit des événements. — Leurs causes.	ATTITUDE DES AUTORITÉS ET DE LA POPULATION
ALEP			Au mois de septembre, la présence d'émissaires arméniens est signalée dans le vilayet et cause une certaine agitation parmi les populations musulmane et chrétienne. Leur action demeure du reste sans grand effet sur les villageois arméniens qui les invitent à quitter le pays. L'annonce des réformes décidées par S. M. le Sultan, et qui — faute d'être publiées — sont interprétées par les Arméniens comme leur conférant des privilèges nouveaux, et par les Musulmans comme les subordonnant aux Chrétiens et ne s'appliquant pas à eux, excite les esprits et anime, les unes contre les autres, les populations de religions différentes. D'autre part, la conduite des *rédifs* convoqués pour assurer le maintien de l'ordre contribue à le troubler. *Ils disent ouvertement que, puisqu'on leur a fait quitter leurs foyers, on doit les laisser libres de piller et de supprimer les Chrétiens.*	Si les démarches des consuls auprès des Arméniens contribuent à ramener le calme dans les esprits, *celles qu'ils font auprès des autorités sont accueillies avec une indifférence notoire.* Elles échouent devant l'optimisme voulu du vali, Hassan Pacha, l'impuissante bonne volonté de quelques rares fonctionnaires, la tolérance ou la complicité des autres. *Ce n'est que lorsque tout est fini que l'autorité songe à prendre les mesures nécessaires.*
		nombre inconnu	Alep même a subi plusieurs paniques, mais a pu éviter une effusion de sang. Malheureusement **dans tous les cazas du vilayet** des villages entiers ont disparu et une population de plusieurs milliers d'Arméniens demeure sans abri et en proie à la faim et à la misère.	La commission instituée à Alep auprès du conseil administratif, pour juger les perturbateurs, fonctionne d'une manière déplorable.
ALEXANDRETTE	7 nov.		Une panique est causée par l'annonce d'une prétendue attaque dirigée contre la ville par les Arméniens du village de **Beilan**.	

Vilayet d'Alep

LOCALITÉS	DATES	MORTS	Récit des événements. — Leurs causes.	ATTITUDE DES AUTORITÉS ET DE LA POPULATION
			L'état de la ville demeure toujours troublé. Pendant plusieurs jours des employés de la douane ont parcouru les cafés et les rues de la ville, armés de revolvers et de fusils de contrebande saisis en douane. Le gouverneur ne fait rien pour rappeler ces fonctionnaires à leurs devoirs.	On signale l'attitude provocante des soldats de passage dans le port, qui se vantent hautement d'avoir pris part aux massacres de l'intérieur.
ANTIOCHE	20 nov.		La localité de **Kessab**, près d'**Antioche**, est cernée par les troupes qui menacent de massacrer les Arméniens s'ils ne livrent pas leurs armes.	
AINTAB	15 nov. 17 nov.	1 000	Les Musulmans se jettent sur les Chrétiens et en massacrent un millier. Une attaque contre le couvent des Pères Franciscains échoue.	
			Entre **Aintab** et **Ouzoun Yaïla**, les actes commis par les Musulmans ont été particulièrement atroces.	
			D'après les données officielles, le nombre des morts s'élèverait à cent cinquante, dont cinquante musulmans.	Les rédifs se sont mal comportés. Plusieurs d'entre eux, déserteurs, ont été vus à Alep en possession d'objets pillés, de vases et d'ornements sacrés.
		300	D'après l'enquête des consuls, un artisan arménien ayant été tué, sans aucune provocation, par un soldat venant de Biredjik, les Turcs se précipitent en pleine foire sur les Arméniens et en tuent immédiatement trois cents. La populace se porte ensuite sur les quartiers arméniens, où elle rencontre, du reste, une certaine résistance. Cependant le lendemain et le surlendemain le pillage continue.	Les Hamidiés ont du reste pris la part la plus active au pillage et au massacre.
BIREDJIK	25 déc.		Un commencement de massacre est rapidement arrêté.	
ORFA	27 oct.		Depuis les derniers jours de décembre la ville est la proie des flammes.	
	28 oct.	plusieurs centaines.	Les Kurdes et les Hamidiés font un grand massacre des Chrétiens. Les blessés sont très nombreux. Quinze cents boutiques sont pillées.	Un grand nombre de Chrétiens ont été, sous menace de mort, contraints de se convertir à l'islamisme. Ceux qui se sont soumis ont arboré des drapeaux blancs sur leurs maisons et se sont coiffés de turbans blancs. Ils ont été ainsi épargnés.
			On attribue l'origine des désordres à une rixe entre un Turc et un Arménien; l'Arménien ayant été tué, ses compatriotes tuent à leur tour le Musulman.	Les rédifs appelés pour rétablir l'ordre ont pris part au pillage et au massacre.
	28 déc.	plus de 2 000	Un nouveau massacre d'Arméniens a lieu. Les autorités avouent neuf cents morts. **D'après les consuls, leur nombre dépasserait deux mille.** Les Kurdes et les Bédouins commettent des cruautés sans exemple et les troupes sont impuissantes à rétablir l'ordre. Ce dernier massacre a duré depuis le 28 décembre jusqu'au 1er janvier.	
MARACHE	23 oct.	40	A la suite d'une rixe entre un Arménien et un Musulman, les Turcs attaquent les Arméniens et en tuent quarante.	La connivence des autorités et le concours des rédifs sont établis par l'enquête de différents consuls.
	3 nov.	350	Nouvelle attaque des Arméniens par les Musulmans, qui en tuent près de trois cent cinquante.	
	18 nov.	plus de 1 000	Nouveau massacre **annoncé d'avance par les Musulmans. Plus de mille Arméniens** périssent. L'autorité affirme que le nombre des victimes ne **dépasse pas trente.**	

Vilayet d'Alep

LOCALITÉS	DATES	MORTS	Récit des événements. — Leurs causes.	ATTITUDE DES AUTORITÉS ET DE LA POPULATION
YÉNIDJÉ-KALÉ	17 nov. 18 nov. 600		Les établissements de la Mission américaine, le « Theological Seminary » et l' « Academy Boarding house » sont saccagés par les troupes elles-mêmes. Le séminaire est incendié. La Mission franciscaine est épargnée, mais son drogman est tué devant l'établissement, en face des soldats qui demeurent impassibles. Dans la région de Marache, à un endroit appelé El Oglou, une caravane de deux cent cinquante Chrétiens est attaquée par des Kurdes qui la pillent et la massacrent. Dès la fin d'octobre les religieux franciscains de la région réclament en vain le secours de l'autorité de Marache. Un détachement de troupes arrive au hameau de Mudjuk-Déressi, tout près de Yénidjé-Kalé et, au son du clairon, se jette sur les Chrétiens, les massacre, pille et incendie les maisons. Les soldats envahissent l'hospice de Mudjuk-Déressi et tuent le Père Salvatore. Puis ils se portent sur Yénidjé-Kalé où ils brûlent toutes les habitations et le couvent des Franciscains. Trois religieux et une quinzaine d'orphelins réussissent à se sauver à Zeïtoun. On compte six cents morts dans les villages de **Yénidjé-Kalé, Mudjuk-Déressi, Cotekli, Tchuruk-Tach, Djeven, Bunduk** et **Barik**. Le village de *Dom Kalé* a été saccagé et brûlé. *Le couvent des Franciscains a été détruit et on est sans nouvelles des religieux.*	**C'est la troupe elle-même, sous la conduite de ses officiers, qui a procédé au massacre et au pillage.**

Vilayet d'Adana

LOCALITÉS	DATES	MORTS	Récit des événements. — Leurs causes.	ATTITUDE DES AUTORITÉS ET DE LA POPULATION
MERSINA et ADANA	31 oct.		Des agressions individuelles répétées des Musulmans contre les Arméniens, des arrestations de voyageurs qui sont rançonnés, puis dépouillés, l'incendie et le pillage d'un grand nombre de hameaux et de fermes isolées, produisent à Mersina, comme dans toute la région, une panique générale. Parmi les localités saccagées on peut citer : **Hamzalu**, où neuf maisons et seize boutiques ont été brûlées et six fermes pillées et brûlées. **Témirtach**, où sept fermes ont été pillées et brûlées. **Kimirtli**, qui a eu quarante maisons saccagées. **Ak Pounar**, qui a eu trente maisons saccagées. **Kara Meriem**, qui a eu vingt maisons saccagées. **Kara Kia**, qui a eu dix maisons saccagées.	Le vali d'Adana, **Faïk-Pacha**, au lieu de présider aux mesures propres à maintenir l'ordre, est en tournée dans le vilayet **et veut ignorer les événements.** Le defterdar, gérant du vilayet, Mehemet Midhat, fomente l'agitation par des mesures injustifiées contre des Chrétiens inoffensifs. L'autorité désarme les Chrétiens, et, par contre, tolère la présence en ville d'une foule insolite de Musulmans armés.
TARSOUS	13 déc. 13 déc.		Un mouvement antichrétien **avait été préparé à Mersina pour ce jour-là, en même temps qu'à Tarsous, avec une évidente préméditation de la part des Musulmans.** Le lieutenant-colonel Essad Bey dissipe les rassemblements. Un prêtre arménien est souffleté par un Turc. Une bande de Musulmans armés de barres de fer, de couteaux et de bâtons parcourt la ville. Nazim Bey, aidé du caïmakam de Tarsous, du mufti et de quelques notables arméniens, réussit à les arrêter. Quelques boutiques cependant sont pillées et deux Arméniens sont tués.	Nazim Bey, mutessarif de Mersina, agit de son mieux pour poursuivre les coupables. Le vali affirme au commandant du croiseur français, le *Linois*, que jamais la tranquillité n'a été troublée dans le vilayet (22 novembre), et cependant **il est à noter que les troubles ont éclaté partout où Faïk Pacha a passé pendant sa tournée.**

Vilayet d'Adana

LOCALITÉS	DATES	MORTS	Récit des événements. — Leurs causes.	ATTITUDE DES AUTORITÉS ET DE LA POPULATION
MISSIS	mi-nov.		Le mouvement a été provoqué par des Turcs venus de Césarée, qui ont fait le récit des massacres de cette ville, en reprochant aux Musulmans de Tarsous de ne point faire de même. L'église arménienne est profanée, la femme du prêtre violée, et le prêtre lui-même emprisonné par des Turcs, aidés de soldats et de zaptiés. L'attaque a été conduite par un officier.	
HADJIN	16 oct.		Un massacre des Chrétiens a failli se produire. Le village de **Chahr**, à deux heures de distance de Hadjin, a été attaqué par des Kurdes. Les huit cents habitants se sont réfugiés à Hadjin.	**Le caïmakan avait donné l'ordre du massacre**, qui n'a été empêché que par l'intervention du cadi et du mufti.
PAIAS	27 oct.	chiffre inconnu	Des troubles éclatent dans la ville, causés par la nouvelle des massacres et des pillages dans toute la région.	Les Chrétiens consentent à se désarmer si les Turcs le sont aussi. Cette seconde condition n'est pas remplie. Les soldats assistent impassibles aux attaques des Kurdes et des Musulmans contre les Chrétiens.
	11 nov.		Les villages d'**Odjakli** et de **Uzerli** (deux cents maisons) sont pillés et brûlés.	
	10 nov.		Le hameau de **Bournaz** est pillé et brûlé. Parmi les morts se trouve un Grec.	
			Parmi les villages saccagés on peut citer : **Hachzali**, où quatre cents têtes de bétail et une grande quantité de céréales sont pillées.	*De jeunes Arméniens, garçons et filles, sont vendus comme esclaves.*
		300	**Kaczè, Fourt-Koulek, Kirchebeg, Dachir-dagh, Nadjarly**, et quatre fermes. Trois cents Chrétiens sont massacrés. Les pertes matérielles sont estimées à 50 000 Ltq.	
TCHOK-MERZEMEN	13 nov.	nombreux morts	Cette localité est attaquée par des bandes de Musulmans, de Kurdes et de Circassiens. Six mille Chrétiens environ, échappés aux massacres de la région, s'y étaient réfugiés. **Les morts et les blessés sont en très grand nombre**. Les habitants, cernés de plus en plus étroitement, finissent le 21 novembre par livrer leurs armes, mais à la condition que les Turcs seront également désarmés. Cette condition n'a pas été remplie. D'après les sources officielles, il n'y aurait eu *que huit Musulmans tués et treize blessés. On ne fait pas mention du nombre des victimes parmi les Arméniens.* Dans toute cette région, de nombreux cadavres en putréfaction demeurent sans sépulture dans la campagne.	Les troupes, composées de deux cents, puis de huit cents hommes, assistent à cette attaque sans s'y opposer.
AKBÈS	fin nov.		L'établissement des religieux Lazaristes d'**Akbès** et celui des Trappistes de **Chéiklé** (caza de **Kassa**, sandjak de **Djebel-Bereket**) sont menacés de pillage de la part des Kurdes.	Mohamed Ali Effendi, gérant du caïmakamat, détourne le danger.
	24 déc.		Dans les derniers jours de décembre, les Lazaristes sont de nouveau menacés de pillage et d'incendie. Au commencement de décembre, les Musulmans attaquent et saccagent les localités de : **Gueben, Derendeh, Killis,** dont ils menacent un grand nombre d'habitants. Le pays est terrorisé par deux beys turcs de Taïac, caza de **Khassa**, Ali et Youssef, qui ne cessent de molester les Chrétiens et ont déjà fait piller à **Bakdachli**, entre Akbès et Alexandrette, une maison servant de chapelle aux missionnaires où les objets de culte ont été profanés.	

Vilayet d'Angora

LOCALITÉS	DATES	MORTS	Récit des événements. — Leurs causes.	ATTITUDE DES AUTORITÉS ET DE LA POPULATION
ANGORA	octobre nov.		Les événements de Constantinople du 30 septembre produisent une vive agitation parmi les Musulmans. On constate cependant que l'agitation recommence en novembre. Les Musulmans s'arment à Angora et dans tout le vilayet, alors que rien dans l'attitude des Arméniens, vis-à-vis des Turcs, ne justifie ces préparatifs. Aussi la crainte augmente-t-elle chaque jour chez les Chrétiens. Angora n'ayant que cent hommes de garnison, la situation n'est pas sûre. Les prédications des Hodjas, envoyés dans le vilayet pour recommander la conciliation, paraissent produire un effet tout contraire chez les Musulmans.	Les autorités prennent quelques mesures de police pour maintenir l'ordre. Aucune surveillance sérieuse n'est exercée sur les Circassiens immigrés qui parcourent en masse les villages et terrorisent Chrétiens et Musulmans.
CÉSARÉE	20 déc.		Une panique très vive règne dans la ville pendant deux jours. Il paraît certain que les Turcs ont résolu d'attaquer les Chrétiens. **Les imans dans les mosquées ont recommandé aux Musulmans de s'armer et de se tenir prêts.** On remarque dans la ville un nombre inusité de villageois musulmans et de Circassiens. Les Chrétiens ferment leurs boutiques. Aucun désordre ne se produit, grâce aux mesures prises.	Le vali, maréchal Tewfik Pacha, fait circuler de nombreuses patrouilles.
	octobre nov.		Dès le mois d'octobre on craint des troubles.	
		nombre inconnu	En novembre, les Kurdes Hamidiés menacent d'envahir la ville. **Quarante-cinq villages chrétiens du sandjak sont pillés et les habitants sont massacrés.** Les localités exclusivement arméniennes, d'Ekrek et de Moundjoursoum, notamment, composées de huit cents et de mille maisons, sont dévastées, et **toute la population, y compris les femmes, massacrée.**	L'autorité fait mobiliser douze bataillons, les soldats de huit entre eux se révoltent et désertent.
	30 nov.	1 000	**Un massacre, préparé par les musulmans depuis plusieurs jours, éclate.** Les Turcs se précipitent en masse sur les bazars et les maisons des Arméniens. Des familles entières sont massacrées. **Les bains sont envahis, les femmes et les enfants outragés, chassés nus dans les rues, égorgés et mutilés; des vieillards sont brûlés vifs** dans leurs maisons. Des survivants sont contraints de se convertir à l'islamisme. Le pillage et l'incendie continuent deux jours.	Les autorités ont montré la plus grande inertie, et ne sont intervenues que le lendemain soir. Seules, les missions américaines et celle des jésuites ont été protégées. Encore ceux-ci sont-ils restés vingt-quatre heures sans garde. Quelques Musulmans ont sauvé des Arméniens. Un officier supérieur de la garnison a déclaré que, **si l'autorité n'y avait mis d'obstacle,** il aurait étouffé sur l'heure le soulèvement et empêché ainsi le massacre.
YUZGAT	octobre nov. déc.	nombre inconnu	Dès octobre, cette région est très troublée; quatre villages du district d'Akdagh-Maden et cette localité sont saccagés et leurs habitants massacrés par les Kurdes et les Circassiens. La situation demeure critique à Yuzgat, où les Circassiens en armes circulent et sèment la terreur.	
TCHORUN	20 nov.	4	A la suite d'une rixe quelques désordres se produisent.	
HADJIKEUI	nov.		Une bande de deux cent cinquante Circassiens pille et incendie le village et massacre quatre-vingt-dix Chrétiens et Musulmans.	L'autorité tolère leur présence.

Vilayet d'Ismidt

LOCALITÉS	DATES	MORTS	Récit des événements. — Leurs causes.	ATTITUDE DES AUTORITÉS ET DE LA POPULATION
AK-HISSAR	3 oct.	50	Cette localité était habitée par cinquante familles arméniennes englobées au milieu de Circassiens et de Mohadjirs. Le jour habituel du marché, le mudir de Ak-Hissar persuada aux Arméniens de faire la livraison de leurs armes en vue d'éviter toute cause de rixe avec les Musulmans. Puis, sous le prétexte d'une discussion survenue entre un Circassien et un marchand arménien, sur le prix d'une marchandise, les Circassiens se jetèrent sur les Arméniens, en massacrant une cinquantaine, en blessant très grièvement trente-trois, et dévalisèrent le village. Cinquante autres Arméniens ont disparu. *Les cadavres, horriblement mutilés, furent jetés dans deux puits et quelques-uns dans le fleuve Saccharia.* *Les religieux Assomptionnistes, venus sur les lieux, retirèrent trente-cinq cadavres des puits.* Les pertes matérielles sont estimées à 15 000 Ltq.	Le caïmakam de Guévé, averti des mauvaises intentions des Circassiens de **Ak-Hissar**, fit des efforts impuissants pour arrêter le massacre. Le mutessarif d'**Ismidt**, prévenu de l'événement, se rendit sur les lieux, et, dans un rapport qu'il fit à son retour, déclara que l'incident était sans importance. Ce ne fût qu'après, sur les instances de l'évêque arménien et des religieux assomptionnistes, qu'il les autorisa à se rendre à **Ak-Hissar** pour secourir les blessés et recueillir les morts. Des arrestations furent opérées dans la suite, mais *plusieurs Circassiens, les plus compromis, s'échappèrent de prison et la répression a été nulle.*
		nombre inconnu	Dans plusieurs villages aux environs de **Guévé**, des Arméniens ont été tués; à **Turcmen**, quinze jeunes gens arméniens étant, selon leur habitude, sortis avec des Turcs, pour couper du bois dans la forêt, furent assaillis par ces derniers et tués à coups de hache.	

LES MASSACRES ET L'EUROPE

Quelques réflexions s'imposent, après la lecture du tableau qui précède et de la statistique qui va suivre.

Nous ne croyons pas que l'on puisse trouver, aux plus sombres heures de l'histoire des nations, quelque chose d'aussi monstrueux que ce qui, depuis près de deux ans, se passe sous nos yeux.

Ces Turcs, que l'on croyait doux et tolérants, poursuivent systématiquement, par des massacres voulus et préparés à l'avance, se produisant à heure fixe et au signal donné, l'extermination violente de toute une race qui, cependant, s'est toujours fait remarquer par sa soumission à ses maîtres, sa douceur native et son tempérament pacifique.

Aucun grief sérieux ne peut être mis en avant pour expliquer d'aussi barbares cruautés, si ce n'est le fanatisme religieux et la rage des musulmans contre ce peuple chrétien qu'il croyait asservi, mais dont les fils, plus affinés, plus laborieux, prennent chaque jour, dans l'empire ottoman et au dehors, une importance plus grande.

Sans doute, dans les moments de grande crise politique et d'exaspération populaire, ou bien encore par suite d'un accès de frénésie de quelque tyran, il y a eu de lamentables scènes de carnage qui, de loin en loin, au cours des siècles, ont fait des milliers de victimes; mais, le moment de crise passé, le carnage cessait.

Entre tous ces cas de monstrueuse férocité, on cite surtout celui de Gengis-Khan faisant égorger, d'un seul coup, trente mille victimes! Mais, une fois ce crime épouvantable accompli, le sanguinaire conquérant ne l'a pas renouvelé.

On parle également des exploits barbares des Vandales, des Huns, des Lombards et autres hordes qui envahirent l'empire romain à son déclin; mais ces barbares, une fois en contact avec les populations chrétiennes, se sont bien vite policés et même identifiés avec les races envahies, au point qu'après un siècle ou deux, vainqueurs et vaincus ne faisaient plus qu'un seul peuple de frères!

Les Turcs, au contraire, se montrent absolument réfractaires à toute assimilation, à tout mélange de races. Ils se sont amollis dans le milieu énervant de Byzance; mais ils sont restés, depuis des siècles, les despotes cupides et farouches des différentes races chrétiennes qu'ils sont parvenus à asservir, moins par la vaillance des armes que par les divisions intestines des chrétiens, tant en Orient qu'en Occident, au moment de leurs conquêtes.

Ce pays, jadis si riche, ils l'ont rendu stérile par le régime d'asservissement et de concussions que l'administration turque a introduit partout dans ses provinces.

Ces pauvres chrétiens ottomans, eux, les anciens maîtres du sol conquis, sont, depuis des siècles, si malheureux dans la solitude de leurs campagnes et vivent dans une telle abjection, sous l'oppression et le mépris de leurs maîtres, qu'on éprouve pour eux une immense compassion.

Mais aujourd'hui que le mépris a fait place à une persécution violente, plus terrible que celles de Domitien et de Néron, c'est un devoir de solidarité pour le reste de la chrétienté d'empêcher ce peuple de frères d'être exterminé.

De peur que l'immense clameur des victimes égorgées ne finisse par réveiller les nations chrétiennes de leur torpeur, les Turcs paraissent vouloir suivre aujourd'hui une autre tactique : pour détruire les chrétiens de leur empire, ils ne les massacrent plus en masse, mais ils travaillent, dans les provinces dévastées, à démoraliser la femme chrétienne qu'ils ont le plus souvent épargnée, au moment des massacres, et à faire apostasier les familles arméniennes et des villages entiers.

Là encore, il semble qu'il existe un plan, suivi d'une façon uniforme par les autorités, tant pour la dépravation des femmes chrétiennes que pour obliger les Arméniens à embrasser l'islamisme.

En Orient, comme ailleurs, la femme plus encore que l'homme, est attachée à sa foi; or, c'est par une débauche systématique et obligatoire que les Turcs travaillent à la pervertir. Ils les saisissent une à une, et le premier venu les outrage impunément, sans que jamais l'autorité n'intervienne que pour défendre à ces malheureuses de quitter le pays où elles se trouvent, si elles veulent se réfugier dans une autre localité, pour y trouver quelqu'un qui puisse les protéger.

Nos renseignements sur ce triste sujet sont nombreux et précis. Pour abréger, je n'en citerai que deux : à Tamzara, dans le vilayet de Sivas, tous les hommes, dès le mois de novembre, ont été massacrés. De cette nombreuse population arménienne, il ne reste plus que trois cents femmes et de nombreuses jeunes filles et petits enfants, mourant de faim et à demi nus, à qui défense a été faite de quitter le pays, à moins que ce ne soit pour suivre un Turc. Or, tous les musulmans des environs viennent là assouvir leurs passions, de même que les voyageurs ou soldats de passage pénètrent dans leurs demeures et leur imposent l'outrage sans hésiter!

A Mézéré, au siège même du gouvernement de la province de Karpout, la situation est exactement la même dans une partie du quartier chrétien. De jeunes musulmans appartenant à l'entourage même du gouverneur se font un jeu de pénétrer dans les maisons chrétiennes, où se trouvent aujourd'hui tant de femmes et de jeunes filles sans protection et sans défense; là ils se livrent à de véritables orgies et outragent ces malheureuses, obligées aujourd'hui de subir passivement cette horrible prostitution.

Et pendant ce temps, une active propagande est faite, surtout dans les villages éloignés, pour obliger les familles affolées à se déclarer musulmanes.

Un grand nombre y consentent pour sauver leur vie, avec l'espoir, une fois le danger passé, de revenir à la foi de leurs pères. Mais c'est en vain! Déjà de nombreuses familles, à Mouche, à Marache et ailleurs, ont cru pouvoir, le calme étant revenu, se déclarer chrétiennes, après avoir été contraintes d'apostasier. De laconiques dépêches viennent de nous apprendre que toutes avaient été massacrées par les Kurdes, bien qu'un firman du sultan ait été adressé dans toutes les provinces, au moins pour la forme et sous la pression des puissances, pour déclarer que les chrétiens ne devaient pas être contraints d'embrasser l'islamisme par la force.

Sur ce point, la loi de l'Islam ou *Chari* est formelle : elle ne tolère pas qu'une fois musulman on puisse abjurer. C'est la peine de mort pour quiconque abandonne l'islamisme!

Si donc les autorités turques ont laissé les Kurdes pratiquer ces derniers massacres, c'est en exécution de cette loi, et pour ne pas compromettre le gouvernement vis-à-vis des puissances européennes.

Du moment où des chrétiens devenus musulmans, même par force, songent à revenir à la foi de leur baptême, ils sont, aux yeux de l'Islam, passibles de mort!

C'est en cela que l'Europe chrétienne commet une véritable lâcheté de ne pas exiger de la Turquie la rigoureuse exécution de conventions tant de fois signées et qui assurent une protection efficace à tous les chrétiens de l'Empire ottoman.

Nous ne nous lasserons point de le répéter : Si l'Europe se refuse à agir, c'est à la France à remplir sa mission séculaire. Catholiques et Français, nous ne saurions nous enfermer, nous aussi, dans un froid égoïsme et, préoccupés exclusivement de nos besoins nationaux, si grands qu'ils soient, rester indifférents aux intérêts généraux de la chrétienté.

Un peuple doux, laborieux, pacifique, qui appartient comme nous à la grande famille chrétienne, est menacé de disparaître. En vertu de la solidarité qui doit unir entre eux tous les peuples chrétiens, nous demandons à l'Europe, et, si elle refuse, à la France, de s'interposer entre les victimes et les bourreaux, et de signifier à la Turquie, dont l'existence comme nation dépend de la volonté de l'Europe, qu'elle sera rendue responsable des événements qui menacent de faire couler de nouveau le sang chrétien à flots en Anatolie, en Mésopotamie et en Syrie.

F. C.

UNE STATISTIQUE

APPEL A L'UNION

A la suite de ce tableau officiel, dressé de concert par les ambassades des six puissances signataires du fameux traité de Berlin, qui impose à la Turquie des réformes dans les provinces arméniennes, sous le contrôle des puissances, nous croyons devoir publier, comme complément naturel du travail précédent, un document du plus poignant intérêt.

C'est une statistique abrégée, *dressée par des témoins oculaires*, province par province comme le tableau qui précède, et relatant exclusivement, en une simple mais épouvantable nomenclature, les profanations et destructions d'églises, massacres de prêtres, apostasies forcées, enlèvements de femmes et de jeunes vierges pour les harems musulmans.

Ce document est entre nos mains, grâce à la communication officieuse qui nous en a été faite par un des membres les plus éminents de l'épiscopat grégorien.

Nous le publions tel quel, non cependant sans éprouver le vif regret de voir cette statistique exclure systématiquement tout ce qui concerne les Arméniens catholiques, tandis qu'elle ne manque jamais d'énumérer tous les sévices dont les Arméniens protestants ont pu être les victimes.

Nous estimons qu'en ces graves circonstances, où l'existence même de la nation arménienne est en jeu, toutes ces préoccupations confessionnelles devraient cesser, toutes ces divisions, toutes ces rivalités devraient disparaître pour faire place à la plus intime cordialité, à la plus étroite union des diverses branches de la nation arménienne.

Cette union, elle devrait se faire non seulement sur le terrain politique, mais encore sur le terrain religieux.

Je parle ici dans l'intérêt supérieur et national de ce peuple arménien dont je suis l'ami dévoué, et non en vue d'un intérêt confessionnel.

Pour des patriotes comme le sont tous les Arméniens, que doivent peser aujourd'hui les divergences religieuses entre frères d'une même famille, à côté des 100,000 massacrés que le fanatisme musulman vient de faire disparaître et des 40 ou 50,000 Arméniens que les Turcs viennent de contraindre à apostasier?

Ces derniers, hélas! d'après les exigences du terrible *Chari*, peuvent être considérés comme perdus à tout jamais pour la nation arménienne, tandis que grégoriens et catholiques ont même liturgie, même rite, même nationalité, même foi! Pourquoi donc ces deux fractions de la grande famille arménienne ne se réuniraient-elles pas, une fois pour toutes, sous la direction d'un seul et même chef, afin de mettre en commun, pour le bien et la défense de la patrie commune, leurs forces respectives et les influences réelles dont chacune peut disposer en Europe, au profit de leur chère nation?

Tels sont les vœux que nous formons, dans la sincérité de notre âme, pour nos frères d'Arménie; et nous voyons si clairement que là seulement est le salut pour eux et pour leur chère patrie, que volontiers nous consacrerons à cette Œuvre tout ce qui nous reste encore de force et de vie, s'ils veulent nous y aider.

Nous avons à Paris une élite de jeunes Arméniens, très intelligents, très patriotes. C'est à eux que je m'adresse ici pour leur demander de travailler avec moi à cette œuvre d'union et de concorde, qui peut devenir, à bref délai, pour toute la nation arménienne, une œuvre de résurrection et de salut.

F. CHARMETANT.

STATISTIQUE ABRÉGÉE

DRESSÉE

D'APRÈS LES RAPPORTS DE TÉMOINS OCULAIRES

ET RELATANT EXCLUSIVEMENT

les profanations d'églises, les massacres de prêtres, les apostasies forcées, les enlèvements de femmes et de jeunes vierges qui ont eu lieu dans onze vilayets, lors des derniers troubles d'Arménie.

(COMMUNICATION D'UN MEMBRE DE L'ÉPISCOPAT GRÉGORIEN)

I. — Vilayet de Trébizonde

Après le massacre de la ville de Trébizonde, qui a eu lieu le 4-10 octobre (26 septembre), les villages environnants ont subi les mêmes malheurs; **les églises des treize villages** de Veranas, d'Anifa, de Grobi, d'Abion, de Surméné, de Gadra, de Zefanos, de Sifder, de Gromèla, de Sgavidass, de Mayéra, d'Altchakdéré et de Makhtila **ont été pillées et démolies et six prêtres massacrés**. Les Grégoriens des villages d'Altchakdéré, de Makhtilla, de Gromèla et de Kertanalz, ont été **de force convertis à l'islamisme**, et nombre de femmes **ont subi les derniers outrages**.

II. — Vilayet d'Erzeroum

1° Pendant le massacre d'Erzeroum, qui a eu lieu le 18/31 octobre, le prêtre Der-Karékine, desservant de l'une des églises arméniennes de cette ville, a été tué dans sa maison; *on a fait disparaître son cadavre*. Le prêtre Der-Yéghia, desservant de l'église arménienne du village de Ternik, qui se trouvait à Erzeroum pour affaire, *a été assassiné en même temps que huit autres*

Arméniens **dans le palais du gouvernement**, *où il les avait accompagnés pour un procès.*

En ce qui concerne la campagne environnante, *l'église* du village de Topal-Tchavouch, après avoir subi le pillage, *a été souillée avec des immondices.* Les églises des villages d'Oumdoum et de Kak ont été incendiées et leurs desservants massacrés.

Les églises des villages de Ternik, d'Olzni et de Garar ont été à moitié démolies, l'église attenante au couvent de Katchgavank a été pillée et le supérieur du couvent blessé.

2° Dans le district de Passen, après le pillage du couvent, le supérieur, l'*archimandrite Dimothéon*, et **six religieux de cette communauté ont été massacrés;** *le couvent a été incendié.*

3° Dans le district de Terdjhan, où le massacre a eu lieu le 7-20 octobre, ceux des Arméniens-Grégoriens de la *population rurale qui avaient échappé à l'épée des assassins* **ont été forcés d'embrasser la religion musulmane,** *en même temps que le prêtre Der-Houssik*, métropolitain *ad interim. Le lendemain, des préparatifs étaient faits* **pour la cérémonie de la circoncision en masse des nouveaux prosélytes.**

4° Dans la ville de Baybourd, lors du massacre qui a eu lieu le 30 septembre (12 octobre), les **quatre églises** de cette ville ont été **saccagées et profanées.** L'archimandrite Khorène Guroyan, un vieillard vénérable, *a été massacré* et le prêtre Der-Achod, métropolitain *ad interim*, blessé. **Plusieurs jeunes filles ont été enlevées** et leurs ravisseurs les ont *conduites à leurs pays,* du côté du vilayet de Trébizonde. Lors de l'incendie, **quatorze femmes arméniennes ont été brûlées vives dans leurs maisons en même temps que leurs enfants à la mamelle; on a éventré une femme enceinte, et dépecé l'enfant qu'on avait arraché de ses entrailles.**

Dans les villages des environs de Baybourd, les monastères de Lourpe-Krikor-Loussavoritch et de Lourpe-Krisdapor ont été pillés et profanés. *Les images des saints ont été lacérées.*

Les églises des villages de Messonk et d'Almechga, après avoir subi le pillage, ont été *souillées avec des immondices.* Dans le village de Lessonk, **le saint Évangile, déchiré en mille morceaux, a été jeté dans la rue et foulé aux pieds.**

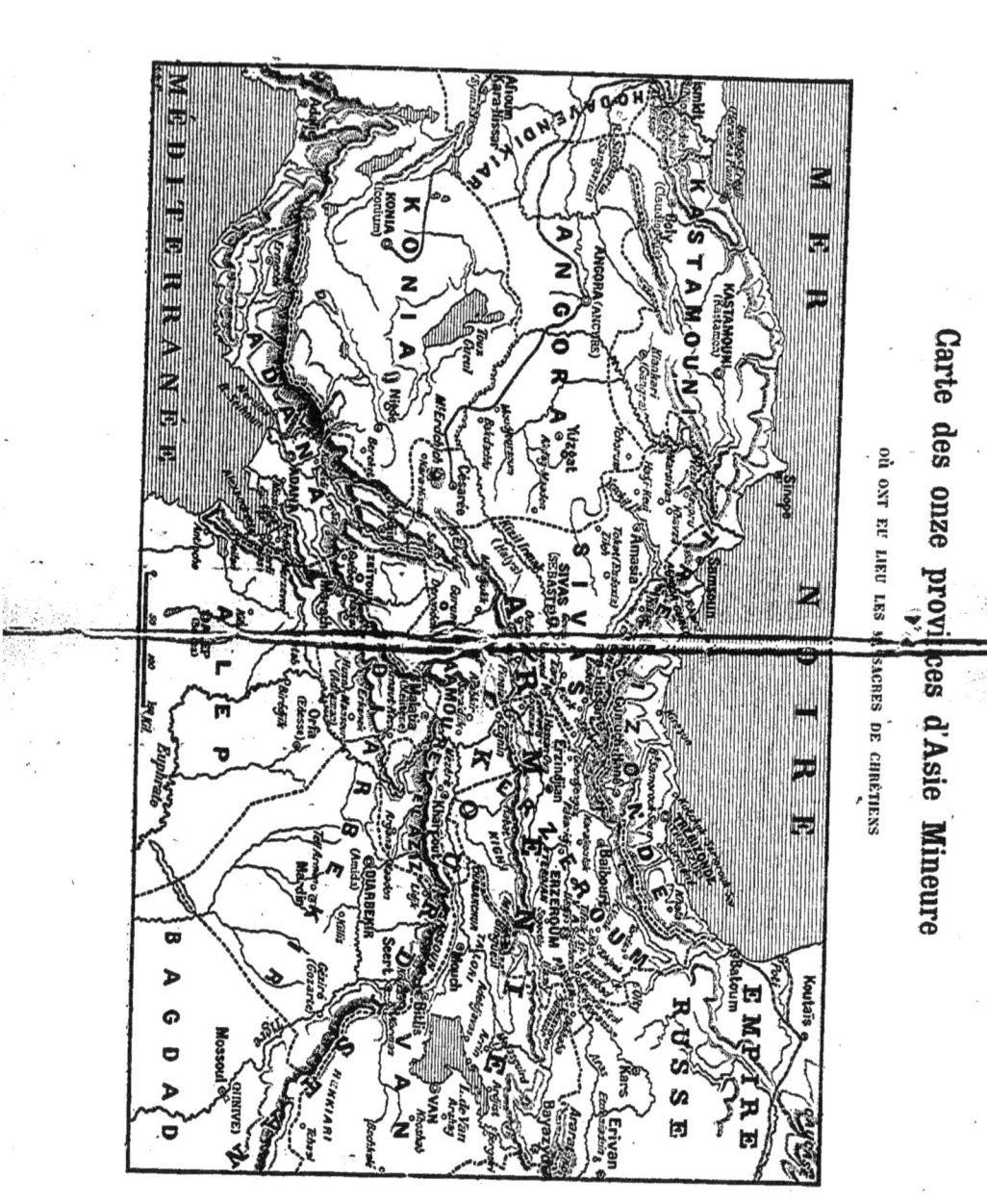

Carte des onze provinces d'Asie Mineure
où ont eu lieu les massacres de chrétiens

Dans le village de Ksanta, les prêtres Der-Ohannès et Der-Haroutioun ont été massacrés; **l'église a été convertie en mosquée;** quatre cents personnes environ ont été massacrées; ceux qui avaient échappé, des femmes pour la plupart, ont dû se convertir à l'islamisme.

Tant dans le village de Ksanta que dans celui de Lessonk, **plus de cent femmes ont été dépecées; une cinquantaine de jeunes femmes se sont précipitées dans les puits et se sont donné ainsi la mort, afin de se soustraire à l'outrage.**

Les églises des six villages de Plour, de Plourak, de Buchdi, de Sourpe-Toross, de Nik et de Balakhor ont été **converties en mosquées.** Les prêtres Der-Magar et Der-Krikor, et un autre prêtre, ont été tués. Trois prêtres ont disparu; **on a fait de force embrasser l'islamisme** tant aux habitants des villages susmentionnés qu'à ceux de *Varzahan, de Karavirak, de Tchakmak, d'Avérék, de Gopouss, d'Osdegh, de Verine-Kerzi et de Varine-Kerzi.*

Après avoir forcé les Grégoriens du village de Plour à se convertir à l'islamisme, les hordes musulmanes les ont massacrés à coups de fusil sous prétexte, s'ils vivaient, qu'ils resteraient attachés à la religion chrétienne dans le fond de leurs âmes. On a ajouté des turbans à la coiffure des survivants, nouveaux convertis, et on les a conduits à l'église même pour les obliger à pratiquer la prière du Namaze, suivant le culte mahométan, comme dans une mosquée.

A BAIBOURD **et dans tous les environs le culte de la Croix a complètement cessé.**

5° Dans le DISTRICT DE KIGHI, où le massacre a eu lieu le 23 octobre, le prêtre Der-Khatt, un vénérable vieillard, desservant de l'église arménienne du village de Hankddoum, a été massacré, et **vingt-deux églises** et *deux couvents*, dont les noms suivent, ont été pillés.

1° L'église Sourpe-Kévork   du village de Dének,
2°   »   »   Asdradzadzvine   »   Mélikan,
3°   »   »   Garabeth   »   Chêne,
4°   »   »   Kévork   »   Tcherman,

5° L'église Sourpe-Aménaperguitch du village d'Arintz,
6°   »   »   Kall   »   Hankadoum,
7°   »   »   Khatch   »   Sakatzor,
8°   »   »   Sarkiss   »   Charouk,
9°   »   »   Asdvadzadzine »   Kezeltchoubouk,
10° »   »   »   »   Tchiflik,
11° »   »   Minass   »   Tchan,
12° »   »   Sarkiss   »   Kerboz,
13° »   »   Asdvadzadzine »   Oror,
14° »   »   Ohannès   »   Tcharibach,
15° »   »   Nigoghoss   »   Kochkar,
16° »   »   Asdvadzadzine »   Serguévill,
17° »   »   Minass   »   Sekbank,
18° »   »   Sourpe-Hagop   »   Aboghnak,
19° »   »   Sarkiss   »   Asdeghpert,
20° »   »   »   »   Aghpekhoud,
21° »   »   Asdvadzadzine »   Djebor,
22° »   »   Garabeth   »   Khoupe,
23° Le couvent de Sourpe-Garabeth, aux environs du village de Hanksdoun,
24° Le couvent de Sourpe-Guiragoss, aux environs du village d'Osnak.

6° Lors du massacre d'ERZINDJAN, qui a eu lieu le 23/9 octobre, **les huit monastères de ce diocèse ont été pillés;** *on a démoli les sanctuaires et égorgé le prêtre Der-Ghevont,* supérieur du couvent de Thartcharanatz-Sourpe-Loussavoritch, en même temps qu'un autre Arménien, qui s'était réfugié dans ce couvent; les desservants des églises arméniennes des villages de Khentzorik et de Karatache, et les deux enfants de l'un de ceux-ci ont aussi été assassinés; dans le village de Ressouan, les assaillants ont forcé la porte de l'église et, y pénétrant, *ont massacré trente personnes qui s'y étaient réfugiées;* parmi les victimes se trouvaient plusieurs femmes et enfants.

Dans le village de MEGHVETZIK, **les survivants du massacre ont été de force convertis à l'islamisme et circoncis.**

Les prêtres Der-Kévork Yézéguiélian, métropolitain *ad interim* d'*Erzindjan*, et *Der Constantin Erhamdjian*, l'un des desservants de l'église arménienne, ont été arrêtés en même temps qu'une cinquantaine d'Arméniens, et gémissent jusqu'à présent dans les cachots destinés aux criminels et aux assassins, et y subissent toutes sortes d'outrages.

7° Dans les villages du Grand et du Petit-Armedan, DISTRICT DE KOUROUTCHAY, où le massacre a eu lieu le 16 et le 17 octobre, l'église du village de Grand-Armedan a été complètement pillée ; on a fusillé le prêtre Der-Hagop de ce village, tandis que Der-Krikoriss, desservant de l'église du village de Petit-Armedan a été égorgé et un autre prêtre blessé.

8° Les Arméniens du village de *Dantzi* **ont été contraints d'embrasser en masse l'islamisme et ont été circoncis de force.**

III. — Vilayet de Van

1° Dans les villages de Tzakhogh, de Dzogou, de Dap, de Khsokhtentz, de Metchgantz, de Mulk, de Guidji, d'Arguentz, et de Kakht, dépendants du DISTRICT DE GARGAR-INFÉRIEUR, quatre prêtres ont été massacrés ; **les habitants de ces neuf villages,** parmi lesquels trois prêtres, **ont été de force amenés à l'islamisme.** *Les églises et les couvents ont été pillés, incendiés ou démolis.*

2° Dans le DISTRICT DE MOKO, les couvents de Sourpe-Hagop et de Garmerag ont été saccagés ; le desservant de l'église arménienne du village de Badagantz a été tué ; **la population arménienne des neuf villages** de Paykhner, de Warek, de Sarine-Supérieur, de Chadossène, de Varentz, de Pachavank, de Padagantz, de Dechokh, et d'Atanan **ont dû, sous les menaces de mort, abjurer leur foi** et se convertir à l'islamisme.

3° Les Kurdes ont *complètement pillé le couvent de Kara-Déré*, situé dans le DISTRICT DE PASSEN-TACHT, tandis que **les habitants des sept villages** de Gaghazis, de Chidan, d'Areg, de Gaynamiran, de Komer, de Darentz et de Nar, **ont été de force convertis à l'islamisme.**

4° **Tous les villages arméniens du** DISTRICT DE CHADAKH

ont subi le pillage, et leurs habitants ont été forcés, sous les menaces de mort, d'embrasser l'islamisme et de se laisser circoncire.

5° Le *couvent de Nordouz*, situé dans le DISTRICT DE HOKHIATZ, a été *complètement pillé* et **les habitants des villages arméniens de ce district ont dû embrasser l'islamisme pour sauver leur vie.**

6° Dans le DISTRICT DE HAVOUSSOR, les *quatre couvents* de Sourpe-Asdvadzadzine-d'Ankegh, de Sourpe-Asdvadzadzine-d'Erémer, de Sourpe-Adsvadzadzine-de-Sarekh et de Sourpe-Kévork-de-Khek ont été pillés, ainsi que les églises arméniennes des **dix-sept villages** de Khosp, de Kezel-Tache, de Bellentz, de Guegbze, d'Asdvadzachène, de Guem, de Khorkhom, de Kerel, d'Ichkhamikom, d'Atanan, de Kertz, de Keuchk, de Sourpe-Vartan, d'Ardamerd, de Dzouesdan, de Pertak et de Guentanantz.

7° Dans le DISTRICT DE GANDJGAN, les couvents dont les noms suivent ont été dévastés et saccagés :

1° Le couvent de Sourpe-Asdvadzadzine d'Oran.
2° » Sourpe-Thomass de Neros.
3° » Sourpe-Kevork de Kom.
4° » Guentronitz.
5° » Sourpe-Parabeth de Sorp.
6° » Sourpe-Asdvadzadzine de Sempadachène.

On a coupé la langue et les membres à l'abbé Bedross, supérieur du couvent de Serp, *puis il a été immolé dans les tortures les plus atroces.* La population arménienne de Sembon, d'Ousoudz, de Pigantz et de plusieurs autres villages, et le desservant de l'église arménienne de Sembon, *ont été de force convertis à l'islamisme;* **plusieurs femmes ont été enlevées.**

8° Dans le DISTRICT DE KAVACH, les couvents dont les noms suivent ont été dévastés et saccagés :

1° Le couvent de Sourpe-Nichan-Tcharahan.
2° » Sourpe-Asdvadzadzine de Spidag.
3° » Sourpe-Haroutioun.
4° » Sourpe-Thomas.

5° Le couvent de Mokhrapert.
6°   »   Sourpe-Sahak-Loussabedough.
7°   »   Norkegh.

9° Dans le DISTRICT D'ADILDJEVAZ, le *monastère* de Sourpe-Skantchelakordz et les *églises* des **seize villages** de Guiatchoukh, de Sipan-Supérieur, de Sipan-Inférieur, d'Aren, d'Arentchgouisse, de Guzel, de Khorantz, de Parlagh, d'Ardjera, de Kara-Kechieh, de Vitchgatzerouk, d'Ayketzor, de Tziraklon, de Pechna-Komer, d'Anouchaghpur et de Norchène-Tchoukhn ont été pillés; les autels ont été démolis et **toutes sortes de profanations ont été commises.** *En plusieurs endroits de ces localités, les Kurdes,* **revêtant les habits sacerdotaux,** *dont ils avaient dépouillé les églises,* **et tenant en mains la sainte Croix, l'Evangile ou le saint Calice, se sont livrés à des danses dévergondées,** *tant dans leurs villages que dans les villages arméniens,* **dans le but de ridiculiser la religion et le culte des chrétiens.**

10° Dans le DISTRICT D'ARDJECH, ont été pillés les *quatre couvents* des villages d'Artchonitz, de Kmaper, de Madgha, de Medzope, ainsi que les églises des **huit villages** de Guerguiah, de Gaydzak, d'Armekhon, de Kantzak, de Dilon, de Bamon, de Haroutioun et de Haspisnak.

11° **Les églises et les couvents de tous les villages arméniens** des DISTRICTS D'AKHPAG ET DE BARGUERD **ont été dévastés.**

12° Dans le DISTRICT DE CDIAB, les monastères d'Alur, de Sourpe-Etchmiadzine-d'Ereren et d'Amgou ont été dévastés et pillés; les huit églises et les villages dont les noms suivent ont eu le même sort : Tcherachène, Marmed, Yekmal, Dzaktar, Mménachad, Anavank, Alur, Khaventz.

IV. — **Vilayet de Bitlis**

1° Parmi les victimes du massacre de Bitlis, qui a eu lieu le 1/13 octobre (v. s.), on compte plusieurs prêtres dont deux étaient venus du district de Khouyt (sandjak de Mouche), ainsi que **des enfants de cinq à douze ans,** élèves de l'école paroissiale de l'église de Sourpe-Serkias. **On a anéanti, en les brûlant avec du pétrole, une partie des cadavres,** *et on en a enterré quatre-vingts environ,* parmi lesquels le corps du prêtre Der-Mekhitar, desservant de l'église de Khouyt, *dans le cimetière musulman en les considérant comme des cadavres de mahométans.* Dans cette ville il s'est aussi produit de nombreuses conversions forcées.

En ce qui concerne la campagne environnante, des femmes et un prêtre ont été tués dans les villages de Vanik et de Sassik.

2° Lors des massacres qui ont eu lieu le 13/25 octobre dans **les douze villages arméniens** du DISTRICT DE YÉROUN, *les églises, après avoir subi la profanation,* **ont été converties en mosquées. Ceux qui ont pu échapper à la mort ont été de force convertis à l'islamisme et circoncis.** *Les prêtres ont été obligés de se coiffer de turbans,* **leurs femmes ont été données en mariage à des mollahs musulmans,** *et ils ont été eux-mêmes* **forcés d'épouser les femmes de ceux-ci,** *après avoir été divorcées de leurs premiers maris.* **On a aussi donné à ces prêtres une ou deux femmes kurdes en plus, pour rendre leur changement de religion tout à fait définitif par l'établissement de plusieurs liens à la fois.**

Dans les familles comptant plusieurs frères, un ou deux de ceux-ci ont été massacrés pour que leurs femmes soient mariées aux frères survivants, en conformité de la loi du Chéri qui autorise ces sortes de mariages.

3° Dans la campagne du district de CHIRVAN, comptant **plus de vingt villages chrétiens,** parmi lesquels on cite les villages de Sarouss, d'Avine, d'Avar, de Napalne, de Sermek et de Ternenk, les Arméniens *qui avaient échappé au massacre* **ont été forcés d'embrasser l'islamisme,** *en même temps que les desservants de leurs églises, dont une partie a été démolie et une autre convertie en mosquées.* Actuellement **les mollahs turcs trônent dans ces églises et y enseignent d'autorité les préceptes de la religion mahométane.**

C'est dans ce district que **plusieurs femmes chrétiennes,** enceintes, ont été éventrées et les enfants retirés de leurs entrailles et dépecés.

La moitié de la population grégorienne du village de Kourimane, relevant de ce district, **a été massacrée, et l'autre moitié forcée d'entrer en masse dans l'islamisme et de se faire circoncire.**

On a enlevé des villages de Guendz et de Madène plusieurs femmes et jeunes filles, parmi lesquelles l'épouse du desservant de l'église grégorienne du village Guendzik.

4° Les églises des villages de Dachdob, de Khark, d'Ob, de Sac, de Cark et de Nel, relevant du DISTRICT DE GUZEL-DÉRÉ, ont été pillées.

5° Lors du massacre des DISTRICTS DE KHIZAN ET DE SPAGUERD, qui ont eu lieu dans le courant du mois d'octobre, **les sept monastères** dont les noms suivent ont été pillés :

1° Le monastère Sourpe-Khatch de Khizan.
2° Le monastère de Kamaghiel.
3° Le monastère de Paratzor.
4° Le monastère de Sourpe-Asdvadzadzine de Pezen.
5° Le monastère de Sourpe-Guiragoss de Gueghson.
6° Le monastère de Sourpe-Kevork-Chirine ou de Sgavarag.
7°   »   Asdvadzadzine de Sori.

L'abbé Sahag, supérieur du couvent de Sourpe-Khatch et le desservant de l'église grégorienne du village de Brochentz ont été massacrés ; **on a écorché leurs cadavres qui, après avoir été empaillés, ont été pendus à un arbre.** On a de même tué le supérieur du couvent de Kamaghiel, ainsi que le nommé Boghoss Khatchadourian, gardien du monastère de Sourpe-Guiragosse de Yéghiss. *On a de force imposé l'islamisme à l'abbé Ohannès, supérieur du couvent grégorien de Sgavarag,* **après quoi on l'a obligé à prendre deux épouses.**

Plusieurs habitants arméniens de Khizan, après avoir été introduits de force dans le tekké de l'endroit, ont été convertis à l'islamisme. **On a de même imposé le changement de religion aux trois prêtres grégoriens du village de Khorkhotz, puis on les a promenés dans les rues, coiffés du tur-**

bau; les habitants de huit villages, *dépendants du Nahié de Chenitzor*, ont été forcés d'embrasser l'islamisme; les églises et les écoles ont été fermées et *plusieurs enlèvements ont eu lieu.*

Les habitants des soixante villages dont les noms suivent, dépendant des districts de Kuizan et de Spaguerd, ont dû embrasser en masse l'islamisme sous des menaces de mort.

District de Kuizan

Darontz, Darontz-Intérieur, Karasson, Karasson-Supérieur, Chêne, Kharit, Kloup, Taghik, Palassor Khatchougontz, Dzigou, Antentz, Kamaghiel, Sourpe-Khatch de Kkizan, Di, Nor-Chêne, Yéghondz, Anabad, Brochentz-Tars, Mautentz, Mamtentz, Gassar, Hagir, Khorklotz, Nan, Hodzs, Gadinag Baghsar, Li, Hudjouk.

District de Spaguerd

Horouk-Supérieur, Horouk-Inférieur, Djandjouan, Godentz inférieur, Godentz supérieur, Nerpan, Oghant, Sevkar, Paghentz, Souar, Tagh, Kaghiss, Dantziss, Sosson, Harguine, Talaro, Badrantz, Housb, Khouth, Sort, Paght, Saghantz, Arentchik, Douaghs, Gueran, Tachd, Mad, Dzemen.

6° Dans le district de Gargar-Supérieur, les cinq couvents de Sourpe-Asdvadzadzine de Klentzoroud, de Sourpe-Yerachkhavor, de Dzegor et de Sempad ont été pillés; deux prêtres desservants de l'église du village de Yéghékiss ont été mis à mort; il en a été de même de l'abbé Serkiss, supérieur du couvent de Dzegor, dont on a crevé les yeux.

Le desservant de l'église du village d'Aless et les habitants des **dix villages** *dont les noms suivent, ont été* **de force convertis à l'islamisme:** Archon, Tatzon, Yéghékiss, Pergri, Aless, Harbentz, Hugurtzu, Gor, Voriz, Khentzoroud.

7° Dans le district du Mamrdauk, les églises arméniennes ont été saccagées, démolies, ou converties en mosquées. *La majorité de la population grégorienne a été de force convertie à l'islamisme.*

Voici les noms de dix-sept villages de ce district

dont les habitants ont été contraints d'embrasser en masse l'islamisme :

Ov, Segh, Perganto, Abarank, Kelantz, Houvendantz, Douantz, Millhoti, Chenaghpur, Mont, Gughentz, Honiss, Horond, Paramonss, Hagonss, Garna, Bargantz.

Les couvents de Sourpe-Khatch d'Abarank, de Sourpe-Khatch, de Segh et de Deuruchk ont été, de même, convertis en mosquées.

8° Dans la ville de SEGHERD, où le massacre a eu lieu le 3/16 novembre, *on a pillé l'église, l'évêché et l'école, dont les portes ont été forcées.* L'archimandrite Théotoross, métropolitain *ad interim*, a été très grièvement blessé et son domestique assassiné. Dans cette ville, on a de même *égorgé un prêtre et outragé plusieurs femmes et jeunes filles;* **une partie de la population s'est vu imposer l'islamisme.**

9° Dans le SANDJAK DE MOUCH on a pillé l'église du village de KERGUERD; **les musulmans, s'emparant du vase qui contient les saintes huiles, se sont servis de son contenu pour nettoyer leurs fusils et leurs sabres.** *On voit actuellement dans les vallées solitaires des environs de Mouch* **des enfants en bas âge qui ont perdu les traces de leurs familles et sont restés ainsi abandonnés** *pendant que les habitants fuyaient pour échapper à la mort. On a enlevé plusieurs femmes des villages de K'heybian et d'Adelponnar.*

10° Le prêtre Der-Vartan, originaire de Bitlis, a été tué dans les environs du village de Nazik relevant du district d'Akhlat.

11° Ceux des habitants des villages de Guernoss, de Valer et de Tarepnis, de Duzmalane, de Koupar et de Chamchêne du DISTRICT DE GUINDJ, qui avaient réussi à échapper au massacre, ont été convertis de force à l'islamisme.

12° Dans le district de DJABAGU-FCHOUR, tous les habitants chrétiens des villages de Tcheflik, de Madrak, de Sinfor et de Kochem, ainsi que ceux des villages de Petchar, de Titch, de Norchêne, de Mourdarik, d'Anti et de Mighouk, relevant du Nahié de Petchar, ont été **contraints d'embrasser l'islamisme**, en même temps que les prêtres; *les églises de ces villages servent actuellement de mosquées et on y enseigne le Coran. Dans ces localités* **le culte de la Croix a complètement cessé.**

V. — Vilayet de Sivas

1º A Sivas, lors du massacre qui a eu lieu le 21 octobre (2 novembre) **on a fait subir les derniers outrages à plusieurs femmes avec des détails d'une atrocité inouïe ; un grand nombre de ceux à qui on avait imposé l'islamisme ont été circoncis de force.**

Dans les villages environnants plus de **vingt églises** ont été pillées et Der-Asdradzadour, Der-Vosgui, Der Gronilhès, desservants de l'église de Touzassar, ainsi que sept autres prêtres, desservants de l'église des villages de Telmatch, de Ghazi-Magaro, de Karahadjel, de Khorsana, de Govdoum, de Ghangal et de Gavra et le prêtre Der-Réthéos, desservant de l'église du village d'Istanoss, ont été assassinés.

2º Lors des massacres de CHABINE-KARAHISSAR qui ont eu lieu le 16/28 octobre, *les gendarmes se plaçant aux minarets des mosquées ont tiré plusieurs coups de fusil en visant les fenêtres de l'église arménienne* et ont réussi ainsi à blesser quelques-unes des personnes qui s'y étaient réfugiées. *Le prêtre Der-Yéghia, desservant de l'église de Sourpe-Perguitch,* **a été tué pour avoir procédé aux funérailles religieuses des victimes des massacres.**

Pendant le massacre du village d'Abana, qui a eu lieu le 12/24 octobre, *les femmes et les jeunes filles arméniennes qui, pour plus de sécurité, s'étaient réfugiées aux villages grecs des environs, y ont subi les derniers outrages de la part des Turcs,* **et plusieurs d'entre elles ont été enlevées.**

Pendant les massacres du bourg de TAMZARA, qui ont eu lieu le 15/27 et le 18/30 octobre, on a pillé l'église de Sourpe-Fakavor et le couvent de Sourpe-Kevork, sans *rien laisser des objets du culte ; on a démoli les autels et* **souillé avec des immondices les images des Saints.**

Le vénérable prêtre Der-Krikor, comblé d'âges, et un jeune ecclésiastique, le prêtre Kude, nouvellement ordonné, conduits devant la mosquée, **ont été décapités à coups de hache.** *On a égorgé, après les avoir obligés à pratiquer le Namaz, deux instituteurs* *attachés à l'école ;* **toute la jeunesse instruite de la localité a été massacrée ;** *les élèves des écoles ont été passés au fil de l'épée et* **les jeunes filles ont été outragées ;** *les assaillants ont, en outre, réparti entre eux une trentaine d'enfants pour les convertir de force à la religion mahométane.*

En ce qui concerne les villages des alentours : à Purk, l'église et l'école ont été incendiées, le prêtre Der-Aharon, ainsi que les desservants des églises d'Aghraniss, de Sis et d'Anerghi ont été assassinés.

A Boussevid, **on a décapité le prêtre Der-Madthéos ; sa tête a été placée, en signe de suprême outrage, sous les cuisses, et les jeunes Turcs de la localité se sont amusés, pour témoigner leur mépris au ministre du Christ, à fouetter son cadavre.**

Lors des massacres des villages d'Anerghi et de Boussevid, qui ont eu lieu le 17/29 octobre, **des enfants en bas âge ont été tués sur les genoux de leurs mères ;** le couvent d'Arakelotz, situé dans les environs du village de Sis, a été pillé.

3° Dans le district de Lou-Cheuri, lors du massacre, qui a eu lieu le 16/29 octobre, **on a mis le feu à l'église du bourg d'Indisess où des vieillards, des femmes et des enfants s'étaient réfugiés ; tous ces malheureux ont péri dans les flammes !** On a de même incendié l'école arménienne de l'endroit.

4° On a imposé l'islamisme, en les menaçant du fer et de l'incendie, aux habitants arméniens du district de Koul-Hissar ; **les jeunes filles arméniennes ont été de force mariées à des Turcs.**

5° Lors du massacre de Divrik, qui a eu lieu le 4/16 novembre, on a saccagé les églises arméniennes de Sourpe-Asdvadzadzine et de Yérortoutioun, dont les autels ont été démolis ; **on a versé les Saintes-Huiles par terre et on les a foulées aux pieds avec mépris ;** l'évêché arménien et le temple des Arméniens protestants ont été incendiés ; le Révérend Bédross, pasteur de ces derniers, a été assassiné ; *l'école arménienne a été convertie en corps de garde de soldats,* et **plusieurs jeunes femmes et vierges ont été outragées.** La population arménienne *a été* sommée, *tant dans la ville que dans la campagne, d'embrasser l'islamisme, et* **on a massacré ceux qui ne voulaient pas abjurer leur foi.**

En ce qui concerne les villages, à Gurassin, on a tué les prêtres Der-Sarkiss et Der-Mikaël, ainsi que le desservant de l'église du village d'Armoudagh, et réduit en ruines le couvent de Sourpe-Hagop; à *Zimara* et à *Gasma* on a en partie **démoli les églises; plusieurs ont été converties en mosquées. Le Saint-Sacrement a été foulé aux pieds. Six cent cinquante personnes** environ du village de Gasma **ont été de force converties à l'islamisme.** *On a coiffé de turbans les hommes, qui ont été obligés de se rendre cinq fois par jour à la mosquée et pratiquer le Namaz.* Un Arménien décédé, Krikor Balian, a été enterré dans le cimetière musulman, comme appartenant à cette religion.

Devant les menaces de massacre, les habitants des villages de Gurassin et d'Apouchan **ont été amenés de force à la religion musulmane.** *Il en a été de même des habitants de Zimara et du desservant de leur église.*

6° Lors des massacres qui ont eu lieu le 25 octobre (v. s.) dans les villages de *Darendé* et *d'Achodi* (district de Darendé), on a incendié les églises, les écoles et un monastère situé à proximité; *parmi les victimes se trouvaient l'évêque Isaac* et un prêtre, desservant de l'église d'Achodi. **Plusieurs femmes ont subi les derniers outrages.**

A Zilé, lors du massacre qui a eu lieu le 16/28 novembre, **deux prêtres,** Der-Arisdakès et Der-Megherditch, **ont été mis à mort pour avoir refusé de se faire musulmans; on a crevé les yeux au premier de ces prêtres et on a écorché le second.**

7° Les *Kurdes* d'Azizié et d'Aghdjadagh **ont enlevé quatre cents femmes et jeunes filles de Gurine.** *Une partie a pu revenir dans leurs familles; mais cent quarante restent jusqu'à ce jour entre les mains des ravisseurs.*

8° Le prêtre Der-Vassil, desservant de l'église arménienne de Vézir-Keupru (*sandjak d'Amassia*), a été assassiné le 2/14 décembre; l'église a été pillée; l'école arménienne du village de Hadji-Keuy a été incendiée.

VI. — Vilayet de Mamouret-ul-Aziz

1° Lors du massacre de KHARPOUTH (1), qui a eu lieu le 26 octobre (8 novembre), on a démoli et incendié les églises arméniennes de Sourpe-Garabed et de Sourpe-Stepannos, le temple des Arméniens protestants et les écoles arméniennes ; deux cents familles, menacées de mort, ont dû se convertir à l'islamisme.

Le prêtre Der-Hagop, qui refusait d'abjurer sa foi, a été dépouillé de ses vêtements, laissé avec une seule chemise et menacé de mort avec des épées que les auteurs de ces atrocités tenaient nues sur sa tête ; le malheureux ecclésiastique, ayant perdu la raison par suite de ces abominations, a été conduit à la prison.

L'église arménienne du village d'Itchmé a été convertie en mosquée, et les temples des Arméniens protestants dudit village, réduits en ruines. Le temple protestant du village de Khoylou a été démoli **et sert actuellement d'étable.**

A Itchmé, une quarantaine de **notables arméniens ont été sollicités d'embrasser l'islamisme ; sur leur refus,** *ils ont été conduits un à un dehors, par l'ordre d'un cheikh, et* **décapités sur le seuil même de l'église.** Le bedeau de l'église a été contraint, par l'ordre péremptoire des assassins, de passer une corde aux pieds des cadavres et de les traîner jusqu'au bord du fleuve.

Dans la campagne, les trois monastères de Sourpe-Kévork-de-Sorsor, de Sourpe-Asdvadzadzine-de-Tadem et d'Altelmesseh-de-Zartaritch ont été pillés. *Les sanctuaires et les dépendances de ces couvents ayant été incendiés, on n'en voit actuellement que les murs noircis par la fumée.*

Dans le couvent de *Tadem*, le vénérable archimandrite Ohannès Papazian, **sur son refus de se convertir à l'islamisme,** comme on le lui proposait, **a vu ses mains coupées par chaque articulation jusqu'aux coudes, après quoi on lui a de nouveau proposé d'abjurer sa foi ; l'archi-**

---

(1) Voir page 24 les massacres dont les catholiques-arméniens ont été victimes.

mandrite ayant refusé, on lui a coupé la tête sur le seuil même de l'église, pendant qu'il récitait le Credo. *On a tué de même le domestique de l'archimandrite et les gardiens du couvent, dont* les cadavres ont été dévorés par les animaux.

Les huit prêtres dont les noms suivent ont été de même mis à mort et leurs corps écorchés :

Der-Haroutioum, desservant de l'église du village de Habous.
Der-Sarkiss　　　»　　　　　　　»　　Mouri.
Der-Seth　　　　»　　　　　　　»　　Komk.
Der-Sarkiss　　　»　　　　　　　»　　Khoylou.
Der-Agop et Der-Aharon, desservants de l'église du village de Tadem.
Der-Agop, desservant de l'église du village de Kessérik.
Der-Khazar　　　»　　　　　　　»　　Morinik.
Der-Ohannès et Der-Vahram, desservants de l'église du village de Husséyinik.

Tous ces prêtres ont été égorgés pour avoir refusé de se convertir à la religion musulmane; tandis que les ecclésiastiques dont les noms suivent ont été contraints d'apostasier en même temps que leurs ouailles, sous peine d'un massacre général :

Der-Boghoss, desservant de l'église de Khoylou.
Der-Sahak　　　»　　　　»　　Kessérik.
Der-Mikaël　　»　　　　»　　Husséyinik.
Der-Nichan　　»　　　　»　　Korpé.
Der-Garabeth　»　　　　»　　Chentil.
Der-Ohannès　　»　　　　»　　Khop.
Der-Krikor　　　»　　　　»　　Nékérek.

Deux autres ecclésiastiques, les prêtres Der-Stépan et Der-Karékine Vartanian, *ont disparu sans qu'on sache ce qu'ils sont devenus.*

En même temps que le prêtre Der-Mikaël, desservant de l'église arménienne du village de *Husséyinik*, le Révérend Assadour, pasteur des Arméniens protestants de ce village, a dû embrasser l'islamisme et se coiffer du turban.

Dans ce même village, les soldats réunissent ensemble environ six cents femmes ou jeunes filles arméniennes, dans le même endroit, et assouvissent publiquement sur elles leurs passions immondes, après quoi les malheureuses victimes de ces viols épouvantables ont été massacrées.

Tous les Arméniens des **treize villages** de Mosserik, Morénik, Perlak, Achouchan, Husséyinik, Khokh, Nékérek, Chentil, Korpé, Harsik, Zor, Dzarouk et Behméchine **ont été contraints de se faire musulmans.** Les églises ont été pillées, démolies, puis incendiées. **Plusieurs femmes et jeunes filles ont été enlevées et emmenées à Kharpouth et dans les villages environnants, par les auteurs de ces atrocités. En maints endroits, des jeunes filles arméniennes ont été mariées de force à des Turcs.**

Pendant l'attaque du village de Habours, *les soldats ayant mis le feu à l'église*, les habitants *qui s'y étaient réfugiés* ont dû quitter leur asile afin d'échapper au feu et **ont été massacrés** *en partie*; **les survivants n'ont pu sauver leur vie qu'en abjurant leur foi.** *Des femmes et des jeunes filles enlevées ont dû subir les derniers outrages, et quelques-unes d'entre elles* **ont été de force mariées à des Turcs.**

Dans le village de *Khoybou*, un Turc nommé *Hadji Bego* **a fait complètement déshabiller une femme arménienne qu'il a fait promener toute nue dans les rues.**

A Ayvoss, à Chitro et dans les bourgs environnants, *les desservants des églises arméniennes ont été tués et* **toute la population, composée de quelques milliers d'Arméniens, a été contrainte d'embrasser l'islamisme.**

Dans tout le DIOCÈSE DE KHARPOUTH, où existaient *près de soixante villages grégoriens, aucune église, aucune école ne sert plus à sa destination, et* **il n'existe plus aucun prêtre pour se consacrer aux besoins spirituels de la population grégorienne. Tous ont été massacrés ou contraints d'apostasier.**

Dans cette région, **les conversions et les circoncisions augmentent encore de jour en jour;** *les églises sont con-*

verties en mosquées, et les Turcs qui se sont emparés de leurs clefs ne veulent pas s'en dessaisir.

2° Lors des massacres des villages d'Eguise, qui ont eu lieu dès le 27 octobre (8 novembre), on a pillé, profané et démoli le couvent de Sourpe-Perguitch; les villages de Lidjik, de Narver et d'Azni ont vu leurs églises saccagées et démolies; toute la population arménienne de ces villages a été sommée et contrainte de se faire musulmane; les habitants du village de Lidjik ont dû se conformer à cette injonction en même temps que leur prêtre.

Il en a été de même des habitants de **quatorze villages** arméniens du nahié d'Agnen, **à qui on a imposé l'islamisme et qu'on a immédiatement circoncis.** *Leurs églises, après avoir été pillées, servent maintenant de mosquées, et on travaille à la transformation des agencements. La vie de ces infortunés paysans est exposée à de grands dangers, si jamais ils osent montrer la moindre négligence ou insouciance dans l'accomplissement des devoirs de leur nouvelle religion.* **Les autorités du nahié exigent maintenant d'eux qu'ils affirment sous signature qu'ils ont embrassé l'islamisme de plein gré.** *Les habitants du village d'Antcherti* **ont dû également signer une déclaration dans ce même sens.** *Il est inutile d'ajouter que des* **noms musulmans ont été imposés à tous ces paysans et qu'on exige d'eux à présent qu'ils établissent des liens de parenté avec leurs nouveaux coreligionnaires par des mariages réciproques.**

Dans le village de *Gamaragab*, l'église de Sourpe-Asdvadzadzine et la chapelle de Sourpe-Kévork *ont été dépouillées de toutes leurs richesses, consistant en objets sacrés*, ornements sacerdotaux, etc.; **les images de la Sainte-Vierge et des autres saints de l'église ont été lacérées et l'autel démoli.**

Les assaillants ont ensuite conduit les paysans, en les menaçant de leurs armes, à l'église, où, après la profanation du sanctuaire et des objets sacrés, le nommé Ali Effendi, professeur à l'école turque de l'endroit, est monté au clocher pour réciter la prière d'Ezan, et tout le peuple a été obligé de pratiquer le Namaz. Toute la population de Gamaragab a été forcée de prendre des turbans, et les femmes de se couvrir le visage avec des voiles, comme les Turques.

Vingt-six vierges arméniennes ont été, de force, mariées à des Turcs. Le prêtre Der-Garabeth, desservant de l'église grégorienne de l'endroit, auquel on avait enjoint de se rendre à la mosquée, a dû s'aliter par suite de l'émotion que lui avaient causée les menaces proférées.

Lors des massacres des villages du DISTRICT DE TCHEMECHGAZAK, qui ont eu lieu dans le courant du mois de septembre, on a pillé et incendié les églises des villages de Miadoun et de Paghapoun. **On a égorgé le prêtre Der-Nichan**, desservant de l'église du village de Miadoun, **dont le corps a été brûlé; un groupe de femmes chrétiennes de ce village se sont volontairement précipitées dans l'Euphrate, afin d'échapper au déshonneur, préférant se donner ainsi la mort en même temps que leurs filles.**

Les villages de Garmeri, de Siana, de Mournali, de Morchkha, de Beyrétil, de Bahdjédjik, de Méziré et de Kharassar ont vu leurs églises pillées et saccagées, tandis que les habitants du village de Garmeri **ont été contraints, par les menaces, d'embrasser l'islamisme; tous ont été immédiatement circoncis.** Parmi ces derniers se trouve le prêtre Der-Dadjad, desservant de l'église grégorienne *de ce village*, **que l'on a forcé d'épouser une jeune fille musulmane.**

4° Lors du massacre D'ARAPGHIR (1), qui, commençant le 25 octobre (6 novembre), **a continué dix jours entiers,** *on a pillé, profané et incendié les trois églises grandioses* de Sourpe-Agop, Sourpe-Kévork et Sourpe-Loussavoritch; une chapelle, quatre écoles et les deux temples appartenant aux Arméniens protestants ont eu le même sort; en outre, la cathédrale arménienne a été complètement saccagée; **on a tué six prêtres arméniens,** parmi lesquels on cite l'archimandrite Krikor Aprahamian, les deux frères Der-Megherditch et Der-Kégham Chamlian, prêtres, et Der-Nersès Baltayan, Der-Kourkène Yazidjian, Der-Tornik Pakhtikian, également membres du clergé; le prêtre Der-Houssik, métropolitain *ad interim*, a été arrêté en même temps que ses sept enfants en bas âge, et leur emprisonnement est maintenu jusqu'à présent.

---

(1) Voir les détails de ce massacre, p. 92.

Une vingtaine de Grégoriens y ont dû, par peur, accepter l'islamisme ; **nombre de femmes et de jeunes filles ont été violées;** *parmi ces dernières se trouve une jeune Arménienne à peine âgée de douze ans, qu'un Turc, nommé Hassan Effendi, a enlevée et épousée de force.*

Dans les campagnes, on a assassiné avec une cruauté inouïe le prêtre Der-Haroutioun, desservant de l'église arménienne du village d'Anteberti, et **sous des menaces de mort** on a fait embrasser l'islamisme aux habitants d'une vingtaine de villages grégoriens : Saghmega, Machguerd, Ehnétzik, Vazchène, Dzabelvar, Kouchna, Yaghavir, Aghen, Vank, Grani, Hatzguéni, Dzak, Sindjan et de quelques autres villages, ainsi que les desservants de leurs églises. **Tous ces paysans ont été circoncis de force.** *De nombreux viols ont été commis* **sur des vierges et sur des jeunes femmes, dont plusieurs ont été conduites dans les harems des Turcs notables de l'endroit.**

5° Lors du massacre de MALATIA, qui a eu lieu le 23 octobre (4 novembre), on a incendié les églises et les écoles arméniennes (1).

VII. — Vilayet de Diarbékir

1° Pendant le massacre de Diarbékir, qui a eu lieu le 20 octobre (1ᵉʳ novembre), on a pillé l'église de Sourpe-Serkiss, dont les autels ont été démolis. (*Voir les détails affreux de ce massacre*, page 82.)

L'officiant du jour, le prêtre Der-Haroutioun, *a été tué et son corps écorché;* le bedeau de l'église a eu le même sort.

Dans la campagne environnante, l'église Sourpe-Khatch du village de Sadi et la chapelle Sourpe-Asdvadzadzine du village d'Alipounar, après avoir subi le pillage et la profanation, ont été incendiées en même temps que toutes leurs dépendances. *On a tué aussi,* **en écorchant son corps,** *le desservant de l'église du village d'Alipounar.*

---

(1) A Malatia (l'antique Mélytène) des milliers d'arméniens grégoriens ont été sauvés par l'évêque catholique, le vénérable Mgr Khor-Khorouni, qui, de ce chef, a eu sa cathédrale, son évêché et tous ses établissements religieux complètement incendiés et détruits sous ses yeux, par les fanatiques musulmans, furieux de voir cette proie leur échapper! Nous regrettons le soin avec lequel les rédacteurs de ce document ont écarté systématiquement tout ce qui concerne les catholiques (N. D. L. D.).

Les assaillants ont dévasté *le couvent de Magapayetzvotz*, dont **toute la communauté a été passée au fil de l'épée avec trois cents Arméniens** qui, à la suite du **massacre de Diarbékir**, **s'étaient réfugiés dans ce couvent.**

On a aussi dévasté et complètement saccagé le célèbre couvent de Sourpe-Asdvadzadzine-Partzrahayatz qui est situé à douze heures de distance de Diarbékir ; toute la communauté de ce couvent a été tuée, à l'exception de l'abbé Der-Hagop, qu'on a **terrorisé en lui coupant une oreille et qui, ayant accepté de force l'islamisme, a été circoncis.**

Dans le village d'Argheni, l'église arménienne a été convertie en mosquée, après avoir subi le pillage ; son desservant a été massacré.

2° **Les chrétiens de cent cinq villages** environ, dépendant **des districts de** Sélivan, de Béchérik, de Zérigan et de Paravan, *ainsi qu'une grande partie de la population arménienne des districts de* Hayné *et de* Ledjé, **ont été de force convertis à l'islamisme.**

3° A Palou, où des massacres ont eu lieu le 24 et le 31 octobre (5 et 12 novembre), *on a pillé les quatre églises de la ville, qui ont été converties en mosquées.* **De nombreux outrages à l'honneur des femmes et des jeunes filles ont été commis.** *Plusieurs femmes arméniennes* **se sont jetées dans l'Euphrate avec leurs filles encore en bas âge, afin de se soustraire à l'outrage.**

Dans les villages, **les survivants des massacres ont été forcés d'embrasser l'islamisme, et les églises ont été converties en mosquées.** On a mis le feu aux églises du village de Havav, après les avoir dévastées et pillées. La population arménienne de ce village, *convertie de force à l'islamisme, a été circoncise en même temps que l'un des desservants de leur église*, le prêtre Der-Boghoss ; deux autres prêtres, Der-Krikor et Der-Garabeth, **ayant refusé d'abjurer leur foi, ont été égorgés.** L'église arménienne du village d'Issabeg a été incendiée et le prêtre Der-Kévork, desservant de l'église du village de Tzeth, le prêtre Der-Nersès, desservant de l'église du village de Khomad, ont été égorgés.

VIII. — Vilayet d'Alep

1° Lors du premier massacre de la ville d'ORFA, qui a eu lieu le 28 octobre (9 novembre), **on a éventré des femmes enceintes et, retirant les fœtus de leurs entrailles, on les a jetés dans les puits, les uns encore vivants, les autres dépecés en forme de croix.** On n'a encore reçu aucun renseignement relativement au second massacre (*ces renseignements, venus depuis, sont publiés plus loin,* page 86).

2° A MARACHE, **des dames et jeunes filles** arméniennes, emmenées de Fernouz et de Gaban, **après avoir été outragées publiquement, avec une férocité bestiale, indescriptible, ont été laissées sans protection sur les neiges et les boues des rues. De nombreux petits enfants sont morts d'inanition, et leurs cadavres, laissés sur les chemins, ont été dévorés par les chiens.**

3° Dans le village de Yarpouz, situé dans le district d'ALBISTAN ainsi qu'à Gogisson, relevant du district d'INDÉROUN, **on a fait subir les derniers outrages à de jeunes femmes et à des vierges;** un grand nombre d'habitants ont été massacrés; plusieurs convertis de force à l'islamisme, et **les plus belles personnes parmi la population féminine de l'endroit ont été emmenées dans les harems des beys d'Albistan et de Yarpouz et des chefs circassiens de l'endroit, qui les ont partagées entre eux comme on le fait pour un butin de guerre.**

IX. — Vilayet d'Adana

1° Le 28 octobre (9 novembre), les soldats de la classe de réserve, pénétrant dans les églises du bourg de MISSIS, ont envahi l'église *pendant qu'on y récitait les vêpres,* ont pillé les objets du culte et toutes les richesses du sanctuaire, démoli l'autel, **foulé aux pieds le Saint-Sacrement,** *versé par terre les saintes huiles* et **déchiré l'Évangile et les autres livres saints.** Le prêtre Der-Agop, battu lors de ces incidents, a été plus tard conduit à Adana, où il a été emprisonné pour avoir adressé au vali un télégramme dans le but de porter plainte au sujet de ces méfaits. *L'épouse de ce prêtre, qui habitait les dépendances de l'église, a subi les derniers outrages.*

2° Dans le district de PAYASS, l'église de Sourpe-Perguitch de la ville de Tchorkmerzimen, a été pillée, et on a assassiné sur le seuil de cette église le nommé Agop Vanesdji-Kian qui en était le gardien.

Dans la campagne environnante de Tchorkmerzimen, les églises des villages d'Euzurlu et d'Odjamli ont été incendiées, après avoir été pillées, tandis que dans le village de Nadjarli, les assaillants, pénétrant dans l'église, **ont déchiré et foulé aux pieds l'Évangile; la Sainte-Croix, qui en ornait la couverture, a été profanée.** On a arraché la barbe du prêtre et, en fin de compte, incendié l'église.

Les Turcs de Payass ont épousé de force les vierges arméniennes enlevées de Fernouz, de Gaban et de Marache.

3° Dans le district de HADJINE, l'église du village de Roumli a été pillée et son desservant a reçu la bastonnade.

X. — **Sandjak d'Ismidt**

Le village de Gurlé, dépendant du sandjak d'Ismidt, a été saccagé par les soldats de l'armée régulière et par les Bachi-Bouzouk, le 20 et le 31 du mois d'octobre.

Lors des perquisitions qui ont été opérées dans l'église arménienne sous le prétexte de chercher des armes, on a arraché la croix en argent fixée à la couverture de l'Évangile; **le Livre Saint du christianisme a été jeté dans les latrines.** Le desservant de l'église a reçu la bastonnade.

XI. — **Vilayet d'Angora**

Les événements du vilayet d'Angora ne sont pas parvenus à temps pour figurer dans cette statistique. On peut voir, page 38, qu'ils sont aussi horribles que ceux qui précèdent, surtout dans le sandjak de Césarée.

LA SITUATION ACTUELLE EN ARMÉNIE

Un personnage en position d'être très exactement renseigné sur ce qui se passe en Arménie nous adresse la correspondance suivante, qui donne une idée exacte de la situation et, à ce titre, ne peut manquer d'intéresser nos lecteurs :

Monsieur le Directeur,

Je crois pouvoir me faire ici, auprès de vous, l'interprète des victimes des récents désastres de l'Anatolie ; je m'empresse donc, tout d'abord, de vous transmettre l'expression réitérée de leurs remerciements pour l'éloquent appel que vous avez bien voulu adresser en leur faveur à la France, et pour le dévouement infatigable avec lequel vous vous efforcez de mener à bien la noble tâche que vous avez entreprise.

Situation toujours grave. — Vous me permettrez, cependant, de vous faire respectueusement observer que j'ai été surpris de voir, dans un entrefilet du dernier numéro de votre *Revue de l'Orient chrétien*, l'affirmation que le calme se serait déjà rétabli dans l'Anatolie, grâce aux mesures prises par qui de droit !

Plût au Ciel que ce que vous avancez là — probablement sous la forme d'un vœu plutôt que sous celle d'une affirmation catégorique — répondit à la réalité des faits !

Il n'en est rien, malheureusement ; au contraire, les symptômes qui nous sont signalés, de tous côtés, par des témoins oculaires dignes de foi, continuent à être des plus inquiétants, et la sécurité semble définitivement bannie de ces régions pour les chrétiens, et en particulier pour les Arméniens.

L'extermination de cette dernière race s'y poursuit toujours avec une sorte de rage, plus dissimulée peut-être, depuis quelque temps, mais toujours active, et, par suite, une nouvelle conflagration y est à craindre.

Les assassins d'hier, armés jusqu'aux dents, circulent d'un air insolent dans les rues des villes et dans les villages de l'Anatolie, et les autorités, tant civiles que militaires, semblent ne vouloir ni ne pouvoir les empêcher. — Le désarmement n'est obligatoire que pour les chrétiens : au moindre signal, ils seront égorgés comme des moutons.

Dans certains grands centres, les pauvres chrétiens, j'entends surtout les Arméniens, n'osent pas encore sortir de leurs demeures toujours fermées, car des menaces infernales pleuvent impunément sur leurs têtes, dès qu'ils paraissent. C'est le régime de la terreur qui règne de partout.

Dans les prisons. — En outre, les Arméniens de n'importe quelle confession, qu'ils soient catholiques, grégoriens, ou protestants, sont chaque jour arrêtés par centaines et conduits en prison pour y subir d'inimaginables tortures auxquelles beaucoup finissent par succomber.

J'ai sous les yeux les copies d'un certain nombre de suppliques adressées à de hauts personnages de l'intérieur par les Arméniens détenus dans les prisons de Marache. Certainement, les cruautés inventées du temps des persécutions de Néron ne sont rien en comparaison de celles infligées à ces malheureux détenus !

Il y a là des détails révoltants et qui ne sauraient se traduire en français !...

Inutile de décrire ces cachots infects et mal aérés où des hommes innocents et délicats de constitution, pour la plupart, sont entassés pêle-mêle sur de la terre nue et humide, exposés aux suites souvent fatales d'émanations nauséabondes et délétères.

Pendant le jour, ils doivent se résigner à accomplir des corvées dégradantes à grands coups de verges que des soldats inhumains, de vrais bourreaux, sont chargés de leur asséner à chaque instant.

La nuit, ordinairement vers minuit, on en conduit un certain nombre, à tour de rôle, dans une pièce spéciale que l'on nomme le département de la police, pour y être flagellés jusqu'au sang, pas moins de quatre cents coups ! Après quoi vient la torture, renouvelée des temps les plus barbares, avec l'indescriptible et odieuse série de supplices sans nom : on leur enfonce dans les chairs, sur diverses parties du corps, de petits poignards d'une lame spéciale ; on les empale ensuite sur des pieux à pointes effilées, juste avec les précautions strictement nécessaires pour qu'ils n'expirent pas ; on leur introduit de l'ordure dans la bouche, etc.

C'est alors qu'on leur présente à signer des formules toutes prêtes, avec menaces de les achever, s'ils s'y refusent! Ces formules sont partout les mêmes : une série d'éloges emphatiques sur la conduite *exemplaire* et *irréprochable* des autorités locales, témoignages de satisfaction et de reconnaissance, et déclaration de la culpabilité des Arméniens qualifiés de rebelles et d'insurgés, etc.

C'est ainsi que sont extorquées les signatures des notabilités arméniennes des principales villes de la Turquie d'Asie, et la publication de ces documents infâmes est imposée d'office aux journaux chrétiens du pays ; mais, oh honte! ces publications sont reproduites par bon nombre de journaux européens qui savent, cependant, à quoi s'en tenir sur les sources de pareilles informations. C'est ainsi, hélas! que l'opinion publique chez les nations chrétiennes de l'Europe entière est déroutée et faussée!

L'apostasie obligatoire. — Dans toutes les localités dévastées par des hordes fanatisées, le mahométisme a été imposé aux chrétiens comme unique moyen de salut! Actuellement encore, en maints endroits, les malheureux survivants des massacres sont menacés d'extermination s'ils n'embrassent pas l'islamisme. — Des milliers de chrétiens ont faibli devant ces menaces, lors des massacres, ce qui ne les a pas sauvés tous, car leurs bourreaux fanatiques, par une triste logique, se sont empressés d'immoler un certain nombre de ces malheureux aussitôt leur apostasie, sous prétexte qu'ils pourraient avoir la tentation de revenir plus tard à leur ancienne religion, et que l'occasion était propice pour les faire entrer sûrement au paradis de Mahomet!

En certaines provinces, on est étonné de voir çà et là des villages, jadis chrétiens, restés intacts au milieu des ruines de centaines d'autres réduits en cendres. — L'anomalie apparente s'explique par le fait bien simple que ces villages épargnés ont dû embrasser de force l'islamisme.

A l'heure qu'il est, un très grand nombre de jeunes femmes et de jeunes filles arméniennes, tant catholiques que grégoriennes ou protestantes, sont encore en la possession des Turcs, qui s'en sont emparés comme d'un butin... Des démarches faites aux vilayets et à la Sublime Porte, en vue de les délivrer, restent sans effet!

La Sublime Porte, à la suite de la protestation des ambassades réclamant que l'on empêchât cette apostasie imposée par l'intimidation, n'avait pu refuser de télégraphier aux vilayets de ne point recevoir les Arméniens qui voudraient recourir à l'islamisme. — Les valis, comme cela se pratique trop souvent en pareil cas, se sont contentés de lire dans les conseils administratifs ledit télégramme; mais, de fait, tous les moyens sont mis en œuvre, surtout dans les villages éloignés des grands centres, loin des yeux des consuls, pour terroriser les Arméniens et les pousser à embrasser la religion musulmane, et cela, au su et au vu des valis.

Le cadi d'Aghin, près d'Arabghir, a présenté l'étendard de Mahomet aux Arméniens grégoriens de dix villages du district, avec menace formelle de massacrer tous ceux qui ne passeraient pas sous cet étendard, c'est-à-dire qui ne se déclareraient pas mahométans. Hélas! tous ces malheureux Arméniens, épouvantés, ont dû se soumettre aux injonctions du terrible cadi!

Les vrais coupables. — Le gouvernement turc a voulu faire croire aux puissances européennes que ce sont les Arméniens grégoriens qui ont provoqué dans l'intérieur les révoltes et les massacres! — Or, cela n'est pas vrai. Les consuls ont contrôlé les faits et constaté la vérité à cet égard, et l'on conviendra qu'il n'est ni exagéré ni fantaisiste de s'en rapporter à leur jugement!

Supposons toutefois que le gouvernement turc ait eu lieu de se plaindre, sur quelques points, de certaines tendances dangereuses, fomentées parmi les Arméniens par quelques agitateurs; dans ce cas, le gouvernement aurait dû chercher à punir ces provocateurs et non organiser, permettre ou tolérer le massacre de leurs coreligionnaires innocents : femmes, enfants, pauvres et paisibles paysans qui n'ont jamais rien compris à ce qu'on appelle aujourd'hui la *question arménienne*.

Et encore, pourquoi le gouvernement turc n'a-t-il pas, en temps utile, réprimé les premiers et les vrais provocateurs, les Kurdes et les Circassiens, comme il en avait pris l'engagement solennel dans le congrès de Berlin?

A-t-il introduit les réformes qu'il s'était engagé d'introduire, suivant l'article 61 du traité de Berlin, pour sauvegarder les Arméniens contre les hordes barbares?

Au contraire, n'a-t-il pas organisé, sous le prétexte de discipliner les Kurdes, les fameux bataillons *Hamidiés* qui ont été plus cruels que les Kurdes de la montagne et qui furent les principaux agents, surtout dans l'œuvre des pillages et des incendies, ainsi qu'il est établi par les rapports unanimes des consuls?

Nous avons dit l'*œuvre de pillage et d'incendie*, car il faut établir, une fois pour toutes, la vérité : ce sont les Turcs qui ont principalement provoqué et commis les massacres, outragé les femmes et imposé l'apostasie; ce sont les Turcs et non les Kurdes qui ont profané les églises, sali les autels et torturé tant d'évêques et prêtres grégoriens; ce sont les Turcs encore qui, suivant la constatation des consuls, ont, en certaines localités, intimé l'ordre aux malheureux apostats arméniens de tuer leurs propres parents, leurs femmes, leurs filles, leurs frères qui ne voulaient pas apostasier comme eux!

Laissons un moment de côté les Arméniens grégoriens; mais les Arméniens catholiques, qu'ont-ils fait? Qu'a-t-on à leur reprocher?

La Sublime Porte et les vilayets ont constamment déclaré que ces derniers avaient toujours été corrects et qu'ils n'avaient jamais donné aucun embarras au gouvernement. Ils ont même passé pour *turcophiles* aux yeux de leurs co-nationaux, et blâmés souvent comme tels par eux! Pourquoi donc ont-ils été frappés?

Pourquoi les Turcs ont-ils massacré des centaines d'Arméniens catholiques? saccagé des milliers de maisons et boutiques de catholiques? martyrisé le curé arménien catholique de Husni-Mansour? horriblement maltraité et torturé le curé de Biredjik? pillé et incendié, en présence même des autorités locales, l'église, l'évêché, le couvent et les autres bâtiments arméniens catholiques de Malatia? l'église, le presbytère et autres immeubles de Tadem? les maisons arméno-catholiques d'Arapghir? etc., etc. Pourquoi le village exclusivement arméno-catholique de Tellarmen (près Mardine), où la langue arménienne n'est même pas connue, a-t-il été complètement pillé et incendié?

Pourquoi, enfin, ces mêmes Turcs ont-ils égorgé les Syriens, les

Chaldéens, les Jacobites de Diarbékir et de plusieurs autres villages de cette province, ces chrétiens n'ayant eu jamais rien à démêler avec les Arméniens?

Le gouvernement ottoman ne devait-il pas, dans son propre intérêt, punir au moins les principaux fonctionnaires qui ont toléré ou encouragé le massacre des catholiques, tant Arméniens que Syriens et Chaldéens, auxquels il ne peut pas imputer le tort de provocation, comme il cherche à le faire, bien qu'injustement, contre les Arméniens grégoriens?

Il y a donc là un plan plus vaste encore que celui de l'extermination des seuls Arméniens. En effet, libre cours a été donné au fanatisme musulman après avoir été au préalable surexcité à dessein : la Saint-Barthélemy vient d'être dépassée! ce fut un *tolle général*, un vrai mot d'ordre, venu on ne sait d'où, contre les chrétiens d'Anatolie. Et cependant ce fanatisme, jusque dans ses déchaînements les plus furieux, a su obéir à la direction occulte qui lui était certainement imprimée : *L'élément grec devait être épargné à cause des Russes, et il le fut!*

Le Sultan, pour des raisons qui se devinent aisément, prodiguait déjà, depuis quelque temps, toute sorte de faveurs aux Grecs de la capitale et de la province, à leurs métropolitains, à leur patriarcat, à leurs écoles, etc. L'affectation caractéristique de cette attention marquée du souverain des Osmanlis pour ses sujets grecs était mise en évidence, depuis longtemps déjà, par les publications suggestives des journaux du pays.

Régime de terreur. — Le régime de l'intimidation et de la terreur est, je le répète, loin d'avoir cessé dans l'intérieur!

Les Arméniens y sont continuellement sur le qui-vive, et passent leurs jours et leurs nuits dans les tourments de l'angoisse : catholiques et grégoriens sont ruinés et réduits à la dernière des misères. Des familles qui, hier encore, vivaient dans l'aisance et pourvoyaient charitablement à l'entretien de nombreux pauvres autour d'elles, se contenteraient aujourd'hui d'un morceau quotidien de pain sec, pourvu toutefois qu'on puisse leur assurer *un peu de sécurité*. Mais où la trouver? Aucune mesure n'est prise, même pour la faire espérer.

Aussi ne pouvant plus supporter ces perpétuelles et terribles alarmes, beaucoup de ces malheureux survivants des massacres cherchent à émigrer, chose qui, hélas! n'est pas facile! Ils tremblent donc, en attendant, et ils ont raison; car le premier prétexte suffira pour recommencer les massacres avec le cortège d'horreurs qui les accompagnent, et ces prétextes ne manqueront pas, tant que durera la situation actuelle! — Les intéressés les provoqueront quand cela leur plaira.

Les Turcs sont tellement fanatisés, les Kurdes, les Lazes, les Tcherkesses, les Circassiens et les Bédouins se sont tellement habitués au pillage et aux incendies *restés impunis*, que, forts de l'incurie et de l'inaction de l'Europe chrétienne, ils n'attendront probablement pas la fin de ce rigoureux hiver pour reprendre le cours, provisoirement interrompu ou plutôt ralenti, de leurs déprédations et de leurs massacres.

Pour prévenir efficacement, d'une manière définitive, le renouvellement des atrocités qui se commettent sur tous les points des districts de l'intérieur de l'Anatolie, le gouvernement turc aurait dû prendre des mesures énergiques et *punir de mort*, comme ils le méritaient, les valis, les moutassarifs et les kaïmakams qui ont contribué directement aux massacres, au pillage et aux incendies! C'est tout le contraire qu'il fait : il laisse les assassins et les incendiaires terroriser les Arméniens par le libre port de leurs armes encore toutes rouges du sang de leurs malheureuses victimes, tandis que ces pauvres Arméniens de l'Anatolie et de l'Asie Mineure, soigneusement et lâchement désarmés, sont à la merci de leurs cruels bourreaux!

Est-ce donc là un gage de sécurité? N'est-ce pas plutôt la continuation machiavélique du régime de la Terreur avec toutes ses odieuses conséquences?

Appel à l'opinion. — Voilà des faits incontestables, qu'on ne saurait nier, tant il a été facile aux consuls de les établir; et cependant des communications *de source officielle* trouvent tout simple de les faire traiter de *pures inventions* par une presse vendue, car des sommes énormes sont consacrées à l'achat de la presse et à la publication de monstrueux mensonges que les déplorables calculs de la diplomatie internationale semblent vouloir laisser s'accréditer dans le public européen!

Jusques à quand mystifiera-t-on ainsi les peuples d'Europe? N'ont-ils pas le droit de connaître la vérité exacte, la vérité tout entière des méfaits qui déshonorent l'humanité et assombrissent si tristement la fin de ce dix-neuvième siècle, dit le siècle de la civilisation par excellence?

Les consuls ont déjà à peu près terminé leur enquête, dont les résultats sont encore atténués et certainement bien inférieurs à la réalité des désastres. Mais soit! tel qu'il est, ce minimum suffit amplement pour éclairer l'opinion publique!

Que le gouvernement français livre donc à la publicité son *Livre jaune* pour édifier la nation, qui ne sait encore rien sur ces terribles événements. L'Angleterre, elle, a déjà publié les quatre volumes de son *Blue book*. Les peuples civilisés ont le droit de connaître ce que leurs représentants officiels ont déjà constaté, et constateront certainement encore, sur ce drame sanglant qui semble devoir amener, si on ne s'y oppose, la destruction de toute une race.

Le public, qui s'est passionné, à bon droit, pour l'enlèvement de quelques Européens en extrême Orient, et qui paraît attacher tant d'importance à ce que la presse le tienne au courant des moindres accidents journaliers, des tentatives d'assassinat, des suicides, des vols, des scandales courants, etc., etc., pourquoi lui laisserait-on ignorer systématiquement la vérité sur les crimes abominables qui viennent d'ensanglanter et de couvrir de ruines des provinces entières dans la Turquie d'Asie?

Résistance de Zeïtoun. — Vous savez, monsieur le Directeur, que de toutes les localités où réside la population arménienne, ce sont les vaillants habitants du district de Zeïtoun, dans la chaîne du Taurus, non loin de Marach, qui ont eu le courage de prendre la défensive contre l'extermination qui les menaçait, préférant de beaucoup mourir, s'il le fallait, sur le champ d'honneur plutôt que d'être égorgés comme les moutons de vos abattoirs.

Mais que pourra faire leur héroïque résistance contre les nombreuses troupes, parfaitement montées et organisées, d'une armée pourvue de tous les engins de destruction?

Heureusement, la médiation des six grandes puissances est maintenant un fait accompli, et tout semble faire espérer qu'elles parviendront à sauver au moins ce petit Zeïtoun, le dernier rempart de la cause arménienne. Ce résultat de leur médiation est indispensable au prestige de l'Europe, lequel est malheureusement compromis, en Orient, d'une façon douloureuse, par suite des derniers événements.

Des conférences préliminaires ont déjà eu lieu entre les délégués des puissances et les représentants du gouvernement ottoman. Ceux-ci auraient voulu exiger le désarmement des Zeïtouniotes, la livraison de leurs chefs, la reconstruction de la caserne turque qu'ils ont détruite et le paiement de tous les impôts arriérés.

Les Zeïtouniotes ne semblent pas disposés à accepter ces conditions. Tout en consentant à l'abandon des armes officielles (fusils de guerre), ils demandent, de leur côté, que les Turcs des villages qui font partie de ce district soient tenus, eux aussi, à se défaire des mêmes armes. De plus, ils veulent bien que leurs chefs soient remis aux délégués des puissances, pour être conduits en lieu sûr, hors du territoire ottoman, mais ils ne les livreront point entre les mains des autorités turques; ils se refusent également à reconstruire la caserne, mais ne s'opposent pas à ce que le gouvernement turc, s'il le désire, la reconstruise à ses frais; ils ne paieront pas les impôts arriérés et ils exigent une amnistie pleine et entière, et, comme au Liban, la nomination d'un gouverneur chrétien approuvé par les six puissances; ils demandent enfin que dans l'acte de capitulation (*car il y aura une vraie capitulation*) soit insérée une clause de *garantie internationale*, pour le maintien du régime de Zeïtoun contre toute surprise de la part des autorités civiles ou militaires turques.

Il semble que les six ambassades trouvent raisonnables ces propositions des Zeïtouniotes; elles sont en pourparlers à ce sujet avec la Sublime Porte, et on saura, dans quelques jours probablement, le résultat final de la salutaire médiation des six puissances pour la solution de cette grave question de Zeïtoun (1).

Je terminerai ces lignes en vous informant, monsieur le Directeur, que S. G. Mgr Aydinian, abbé général des religieux Méchi-

---

(1) On peut lire, dans l'article suivant, que cette solution a été satisfaisante.

taristes de Vienne, vient d'adresser, avec l'autorisation préalable de l'empereur François-Joseph, un appel chaleureux à tous les Arméniens de l'empire d'Autriche-Hongrie, en faveur des Arméniens victimes des désastres de l'Anatolie.

Un comité a déjà été organisé à cet effet, sous la présidence de S. G. Mgr Aydinian, et c'est la femme d'un ministre austro-hongrois, une Arménienne elle-même, qui a bien voulu en accepter la présidence d'honneur.

Veuillez agréer, etc.

UN TÉMOIN IMPARTIAL.

CAPITULATION DE ZEITOUN

Comme complément au précédent article sur la *Situation en Arménie*, notre correspondant de Constantinople nous envoie l'information qu'on va lire :

Au moment où je vous adressais ma dernière correspondance, j'ai reçu la nouvelle consolante de l'heureuse issue de la médiation des six puissances dans la question de Zeïtoun. Voici, en résumé, les conditions stipulées et acceptées de part et d'autre :

1° Amnistie générale.

2° Les Zeïtouniotes remettront les quatre Hintchiaghistes (révolutionnaires) arméniens, venus de l'étranger, entre les mains des consuls pour être dirigés vers Londres ou ailleurs, hors du territoire ottoman.

3° Ils rendront au gouvernement turc les armes officielles, mais à la condition que les Turcs du district en fassent autant.

4° Ils ne seront pas obligés de payer les impôts arriérés, et remise complète des contributions leur est faite pendant cinq ans.

5° Ils auront un sous-gouverneur chrétien dont le choix sera agréé par les représentants des six puissances, et la gendarmerie zeïtouniote sera désormais recrutée parmi les Arméniens.

6° Le maintien du régime de la capitulation est considéré comme garanti par l'acte stipulé entre les six ambassades et la Sublime Porte.

7° La France et peut-être quelques autres puissances nommeront des consuls à Marache, qui auront pour mission de veiller au maintien et au fonctionnement du nouveau régime de Zeïtoun.

Ce succès a été salué avec enthousiasme par la nation arménienne, et de chaleureux remerciements sont adressés de toutes parts à S. B. Mgr Azarian, l'inspirateur de ce projet, et aux ambassadeurs dont le bon vouloir, l'énergie et le tact, dans les importants pourparlers qui devaient aboutir à un tel succès, sont incontestables.

Notons ici que plus de vingt mille Arméniens étaient renfermés à Zeïtoun et ont résisté héroïquement, pendant plus de trois mois, aux troupes du gouvernement qui, en dehors des soldats réguliers, comprenaient une foule de Circassiens, de Lazes, de Tcherkesses et de Kurdes, attirés là par l'espoir des massacres et du pillage.

Et dire que toute la presse européenne, pour donner le change à l'opinion, a fait passer ces vaillants défenseurs de leur foi et de leur indépendance comme des *révolutionnaires*, des *rebelles*, en état d'insurrection contre le gouvernement turc !

Si ces héroïques chrétiens ont si vaillamment résisté, c'est qu'ils avaient conscience de défendre tout à la fois leurs foyers, leur religion et leur vie; et voilà pourquoi tous étaient résolus à mourir jusqu'au dernier, ou, si la résistance devenait impossible, à s'ensevelir tout vivants sous les ruines fumantes de Zeïtoun.

Ils savaient bien que, quand même ils se soumettraient, ils seraient massacrés impitoyablement, comme l'ont été les autres chrétiens de Marache et de tant d'autres localités, à qui les Turcs n'ont jamais eu à reprocher de résister à leur autorité.

QUELQUES ÉPISODES DES MASSACRES D'ARMÉNIE

Nous avons fait, dans le *Bulletin* (janvier-février) *de l'Œuvre d'Orient*, le récit des massacres, d'après la correspondance et les rapports de témoins oculaires. Nous publions ici les renseignements complémentaires qui nous sont parvenus depuis quelques semaines.

Diarbékir. — Trois mois et demi se sont déjà écoulés depuis les massacres de Diarbékir. Les documents rapportant les détails de cette sanglante catastrophe ayant subi un retard prolongé et d'autres correspondants ayant pu les signaler à la presse européenne, je ne les mentionnerai ici que d'une manière succincte.

Les massacres de cette ville fortifiée furent longuement et habilement préparés par les Turcs, dont le fanatisme a encore dépassé, en excès odieux, les atrocités imaginées par les Musulmans des autres provinces de la Turquie d'Asie.

La nomination d'Enis Pacha au poste de gouverneur général de ce vilayet fut néfaste aux chrétiens dont ce fonctionnaire était un ennemi acharné. C'est comme tel, d'ailleurs, qu'il fut salué avec des démonstrations enthousiastes par les Musulmans de cette ville, qui n'hésitèrent pas à adresser au sultan un télégramme collectif de remerciements pour cette nomination !

Ce vali, vrai fléau des chrétiens, demande tout d'abord à son souverain l'autorisation de punir, comme il l'entend, les paisibles Arméniens, qu'il qualifie d'*insurgés*. Il met tout en œuvre pour exciter et envenimer de plus en plus la haine et le fanatisme de ses coreligionnaires. Il réussit enfin à gagner à sa cause les chefs des Yezidis (1) et des Kurdes, que l'appât du butin attirait facilement sur ces lieux.

Les massacres devaient avoir lieu le vendredi 1ᵉʳ novembre. La veille, jour de la lecture solennelle du Bérat Impérial, on s'est abstenu de tirer au fort les salves d'usage en pareille circonstance, précaution prise à dessein pour qu'il n'y eût pas de confusion sur

---

(1) Secte de Kurdes qui passent pour adorer le démon, génie du Mal.

le véritable signal de l'attaque, qui ne devait avoir lieu que le lendemain vers midi.

Les Chrétiens ne se méprenaient guère sur la portée des symptômes sinistres qui s'accumulaient de jour en jour contre eux. Des hordes inconnues, affublées d'étranges costumes, circulent dans les rues de Diarbékir en lançant aux chrétiens épouvantés des menaces infernales. Depuis quelque temps déjà le trafic du marché se bornait exclusivement à des achats d'armes par les Musulmans, et malheur à un chrétien qui se serait permis une semblable acquisition, fût-ce en prévision du cas de légitime défense! Ce privilège était exclusivement réservé aux Turcs!

Terrifiés, les pauvres chrétiens ferment leurs boutiques et n'osent plus sortir de chez eux; mais, sur les assurances et les exhortations du chef religieux des Arméniens Grégoriens et du consul de France, que le vali, jurant sur son honneur de gouverneur général, avait lâchement trompés, ils ont dû rouvrir leurs magasins pour ne pas être accusés de provoquer les représailles des Mahométans.

Au jour fixé à l'avance (1) et, sur le signal convenu, consistant en plusieurs détonations de fusil tirées simultanément en divers points de la ville, les Musulmans, armés de tous les engins de mort qu'ils avaient pu se procurer dans les bazars, sortent en foule d'Oulou-Djami (grande mosquée), où ils s'étaient réunis, et, au cri de *La allah ill-allah* (au nom de Dieu!), avec l'aide des Kurdes et des Yezidis, ils se ruent d'abord sur les marchés où ils égorgent sans pitié tous les négociants et boutiquiers chrétiens avec leurs commis.

Vainement ceux-ci, épouvantés, essaient de prendre la fuite, abandonnant au pillage tout ce qu'ils possèdent : le cas avait été prévu. Les troupes régulières, chargées de prêter main forte aux hordes sauvages et sanguinaires, avaient eu soin de barrer toutes les issues et elles éventraient à coups de baïonnettes les malheureux fuyards qui se dirigeaient vers elles dans l'espoir d'être protégés!

---

(1) Le vendredi, 1ᵉʳ novembre.

Le pillage des boutiques suivait de près le meurtre de leurs propriétaires et locataires. Environ mille huit cents magasins sont complètement saccagés pendant l'espace de quatre heures, puis réduits en cendres par les flammes du pétrole.

Ces sauvages agresseurs font ensuite irruption dans les maisons particulières des quartiers chrétiens. Ah ! si encore ils se contentaient de piller et d'incendier ! car, hélas ! ces méfaits ne sont rien à côté des horreurs et des violences auxquelles ces monstres à face humaine vont se livrer dans ces demeures, dont les pieux habitants n'y respiraient, depuis des siècles, que la pure atmosphère de la modestie chrétienne ! Le courage me manque pour tracer ici le révoltant tableau de ces abominations qui dépassent en turpitudes tout ce que l'imagination peut inventer.

Après avoir assouvi leurs passions bestiales, ces monstres profitent du désespoir et de l'affolement de leurs malheureuses victimes pour les contraindre à renier leur foi. La proposition est d'abord faite au père de famille qu'on a pris la précaution de ligoter ; si celui-ci témoigne de la fermeté, ses enfants sont torturés, sa femme et ses filles subissent de nouveaux outrages plus odieux encore que les premiers, et si le courageux chrétien persiste, malgré tout, dans son héroïque résolution, on égorge sous ses yeux toute sa famille et lui-même est ensuite immolé sur les cadavres encore tout chauds des siens.

Impossible de décrire, par le détail, les raffinements de cruauté inouïe inventés par la rage de ces fanatiques. Je n'en citerai qu'un exemple entre mille : ces barbares fouillaient avec des lames tranchantes les entrailles des femmes enceintes et en écrasaient sous leurs pieds les fœtus informes !

Ces monstrueuses horreurs durent jusqu'au soir du 3 novembre. Pendant tout ce temps, les soldats postés au haut des minarets, sur les remparts et sur des tours, maintenaient sans interruption une fusillade nourrie et dirigée vers les quartiers des chrétiens dans le but de rendre impossible l'évasion de ces derniers par les toitures et les terrasses des maisons.

Quant au gouverneur général, installé confortablement sur un point culminant, à proximité de l'hôtel municipal, il contemplait avec une satisfaction diabolique ces scènes horribles, non plus comme Néron, en chantant des rapsodes, mais en fumant tranquillement des cigarettes !

Sourd aux supplications navrantes des chefs religieux chrétiens qui venaient auprès de lui pour implorer à genoux sa pitié, il n'ordonne la cessation des massacres que le dimanche soir !

L'ordre officiel est aussitôt obéi, et si la bagarre continue encore dans les rues, sur quelques points isolés, c'est entre Turcs seulement, quand ils ne peuvent s'entendre sur le partage du butin ; leurs querelles à ce sujet se compliquent même de coups de feu et de couteau. C'est ce qui explique, du reste, la mort d'un certain nombre d'entre eux, qu'on a voulu imputer bien à tort aux chrétiens, puisque ceux-ci étaient sans armes.

On a pu voir dans les rues ensanglantées de Diarbékir de jeunes chrétiennes traînées et tiraillées de côté et d'autre par leurs barbares ravisseurs qui s'en disputaient la possession.

L'église Saint-Serge des Grégoriens a été saccagée et souillée ; les tableaux ont été déchirés, les crucifix brisés, les vases sacrés enlevés et le prêtre desservant écorché vif sur les marches de l'autel. Après quoi, le *muezzin* est venu y chanter solennellement le *symbole* du mahométisme.

Le lendemain, lundi, Enis-Pacha rassemble les notables musulmans et chrétiens et prononce devant eux un discours dans lequel il rend les chrétiens responsables des désordres de la ville ! Ce n'est pas tout : il extorque, par la violence, de ces malheureux terrorisés une déclaration écrite à l'adresse du sultan et dans laquelle ils avouent leur culpabilité ! Le vali pousse plus loin encore son cynisme effronté : il déclare l'état de siège exclusivement pour les chrétiens et les force à livrer les quelques armes qu'ils peuvent avoir, tandis qu'il laisse pleine latitude à leurs infâmes assassins de porter librement et ostensiblement leurs yatagans encore tout rouges du sang de leurs victimes, et de continuer à jeter l'épouvante parmi les chrétiens qui restent encore dans cette ville.

Si le chef-lieu même du vilayet a pu être le théâtre de tant d'horreurs, il est facile de deviner le sort des bourgs et des villages chrétiens de cette malheureuse province. On n'y voit plus que des ruines ; et si quelques villages, de loin en loin, semblent avoir été épargnés, c'est qu'ils ne sont plus chrétiens, que les habitants ont été contraints d'apostasier et que leurs églises sont déjà transformées en mosquées...

Nous ne possédons pas encore les détails complets, que nous attendons, sur la véritable étendue des épouvantables ravages que le fanatisme musulman a accumulés dans cette province plus encore que dans les autres; mais nous savons cependant que le nom chrétien y a été voué à une suppression radicale! En effet, les événements tragiques de la Turquie d'Asie offrent, dans toute cette région, ce caractère particulièrement odieux et inquiétant qu'ils tendent tous à la suppression des chrétiens en général, quels que soient leur rite ou leur nationalité, tandis que, dans l'Anatolie proprement dite, le plan d'extermination a visé surtout et presque exclusivement l'élément arménien.

J'apprends avec plaisir que S. B. Mgr Azarian, grâce à ses démarches auprès de qui de droit, vient de délivrer des griffes du féroce Enis Pacha le notable arménien catholique, Kazézian Joseph Effendi, dont les pertes, à lui seul, s'élèvent à 40 000 livres turques (près d'un million de francs). Ce malheureux, que l'insatiable voracité du vali avait condamné à périr dans un cachot, est maintenant en route pour Constantinople, accompagné de son fils et de son neveu.

Orfa. — Les dépêches télégraphiques ont déjà signalé, d'une façon sommaire, à la presse européenne les derniers massacres d'Orfa (l'antique Edesse), dans le vilayet d'Alep. Le chiffre des victimes porté à huit mille paraissait tout d'abord exagéré. Mais hélas! des détails ultérieurs, toujours notablement en retard, par suite des précautions prises par les Turcs pour intercepter les communications ordinaires, sont venus confirmer ces chiffres et les compléter.

Orfa avait déjà été le théâtre d'un premier massacre vers le 16 octobre dernier, mais il n'y avait eu alors que cinq cents chrétiens de tués et le nombre des maisons saccagées ne dépassait guère deux cent cinquante. — Pauvres chrétiens d'Orfa! ils avaient peut-être cru que c'était la fin de leurs calamités ou que du moins c'était fini. Hélas! ce n'était qu'un commencement.

Les mahométans de Diarbékir et des environs adressaient d'incessants reproches à ceux d'Orfa, les traitant de lâches et d'indignes de porter le nom de *musulmans* puisqu'ils s'étaient contentés de si peu ! — D'autre part, quelques femmes musulmanes des environs de Marache étaient venues à Orfa et y avaient débité toute sorte de mensonges bien propres à exciter le fanatisme de leurs coreligionnaires ; elles avaient dit, entre autres choses, que leurs maris avaient été massacrés et leurs biens dévalisés par les Zeïtouniotes, et elles demandaient à être vengées.

Mais le mobile le plus puissant pour renouveler sur une plus grande échelle et avec plus de barbarie les atrocités passées, c'était d'avoir constaté que leurs premiers méfaits n'avaient entraîné aucune conséquence fâcheuse pour eux, qu'ils étaient couverts au contraire par une impunité absolue; qu'il n'y avait eu ni arrestation, ni enquête, ni jugement ; que ceux d'entre eux qui avaient égorgé le plus de chrétiens avaient été trouvés dignes des plus grands éloges. — Ajoutez enfin à tout cela l'appât du butin, le chemin le plus facile et le plus court pour devenir riche et amasser des trésors en quelques heures : voilà les principales raisons de la seconde catastrophe d'Orfa.

Les fonctionnaires de la justice (ô ironie!) tiennent conciliabule avec le *cheikh* des *Mevlevis* et les notables musulmans de la ville, ayant à leur tête un haut dignitaire indigène, un certain Hussein Pacha, et fixent entre eux le jour où il faudra donner l'assaut définitif aux chrétiens préalablement désarmés. C'est le 27 décembre qui fut choisi.

Les mahométans voulaient commencer l'attaque générale dès le matin de ce jour, mais le commandant militaire, pour sauver les apparences, fait semblant de s'opposer à l'émeute et de veiller à la tranquillité de la ville. Cependant, sur un signal convenu, plusieurs détonations se font entendre ; les musulmans, chargés d'avance de l'exécution de cette formalité, avaient tiré *à blanc* sur le commandant : celui-ci furieux s'élance et donne à ses soldats l'ordre de marcher sur les chrétiens.

En un clin d'œil les pauvres Arméniens sont assaillis de tous côtés par les musulmans de la ville, les soldats de la garnison et les tribus nomades conviées à ce régal. Les tueries se poursuivent avec une rage infernale jusqu'à la tombée du jour, et voyant qu'elles se ralentissaient sensiblement, la nuit venue, environ cinq cents chrétiens courent se réfugier, à la faveur des ténèbres, dans l'enceinte de l'église grégorienne. Les autorités turques voient là une occasion propice de faire tomber ces pauvres chrétiens dans un horrible guet-apens, afin de les massacrer, non plus en détail, mais d'un seul coup ! Elles lancent donc des crieurs publics dans les rues du quartier chrétien pour inviter les Arméniens à se réfugier en hâte dans cette même église afin d'y être en sûreté, car leurs maisons sont menacées d'une attaque nocturne. Aussitôt hommes et femmes, jeunes gens et vieillards, se pressent vers l'enceinte sacrée qui devient trop étroite pour contenir cette foule; un grand nombre vont se blottir jusque dans la crypte et le sous-sol de l'édifice.

Hélas ! l'odieux et perfide complot des autorités ne tarde pas à être connu, mais c'était déjà trop tard !

Vers trois heures du matin, l'emblème de l'Islam en tête, la sinistre procession des massacreurs fanatisés se dirige vers l'église où le *molla* procède à une cérémonie analogue à celle qui se fait chaque année à la Mecque, lorsque le chef religieux des musulmans y offre le sacrifice des holocaustes sur le mont Arafet !

Vêtu d'une longue tunique, il prononce devant l'autel les paroles symboliques de l'Ezan ; puis, mettant un genou par terre et brandissant le glaive de sa main droite, il s'écrie d'une voix farouche qui glace tous les cœurs d'épouvante : *O ghiavours, nous en voulons non plus à vos biens, mais à votre vie!*

A ces mots on traîne une à une à ses pieds les victimes à immoler et on les martyrise par mille tortures sans nom. La modestie des lecteurs me fera grâce des horreurs indescriptibles réservées surtout au sexe féminin... Les jeunes mères, avant d'être égorgées, sont contraintes à écraser sous leurs pieds leurs petits enfants!

Ceux qui avaient cru trouver un réduit sûr dans la crypte de l'église y ont été tous (au nombre de cinq cents environ) asphyxiés par le charbon.

Cette affreuse boucherie, qui se poursuit en même temps dans les autres parties de la ville, dure trois jours !

Pendant tout ce temps le Gouverneur, pour ne pas gêner les

massacreurs par sa présence, avait eu le soin de s'absenter; il était allé, sous prétexte d'affaires, au village de Seroudj.

Le troisième jour enfin arrive, vers midi, l'ordre supérieur de cesser les massacres; mais le carnage continue jusqu'au soir.

Ce second massacre d'Orfa fut le plus sanglant de tous ceux qui ont désolé l'Anatolie. Le nombre des victimes dépasse neuf mille.

L'inhumation de tant de cadavres ayant offert des difficultés, les autorités municipales avaient décidé de les faire incinérer à quelque distance de la ville, et ce sont les juifs de l'endroit qui furent réquisitionnés pour traîner ignominieusement vers le bûcher les corps horriblement mutilés des pauvres chrétiens.

Je rapporterai, en terminant ce récit, un triste épisode qui s'y rattache, et que voici : l'évêque arménien grégorien d'Edesse (Orfa), Mgr Khorin Mekhitarian, témoin de l'extermination de ses ouailles, envoie supplier les autorités de faire cesser les massacres en offrant sa propre vie comme victime expiatoire; n'ayant pas réussi à fléchir la rage de ces forcenés, et fou de douleur, il s'ouvre lui-même l'artère brachiale, puis il envoie porter de nouveau ses supplications à ces mêmes autorités en leur faisant dire que déjà son sang coulait, qu'il se mourait, et qu'il les suppliait une dernière fois d'avoir pitié de ce pauvre peuple arménien. Ces monstres, toujours inflexibles, au lieu de faire cesser le carnage, se contentent simplement d'envoyer chez l'évêque le médecin de la municipalité, lequel s'empresse de faire la ligature nécessaire pour arrêter l'écoulement du sang et ramener à la vie le pauvre vieillard, déjà évanoui, qui baignait dans son sang.

*
* *

Tell-Armen. — Nous avons déjà mentionné, dans une autre correspondance publiée par le dernier *Bulletin* de notre Œuvre, la destruction totale de l'importante mission arménienne catholique de Tell-Armen, au diocèse de Mardine. De récents détails nous informent que les habitants de ce bourg auraient tous péri dans les flammes ou par le fer sans une ingénieuse intervention de leur curé auprès des chefs kurdes.

Ces chrétiens avaient d'abord compté sur la protection de Réchid-Bey, un des chefs influents des régiments *Hamidié*, ces

Kurdes embrigadés ou plutôt *embrigandés*, d'après le mot spirituel d'un journal. Le 6 novembre, veille des massacres, Réchid-Bey renouvelle formellement sa promesse, moyennant finance. Mais le lendemain, au lieu de défendre Tell-Armen contre l'incursion des Kurdes montagnards, il manque lâchement à sa parole et prend part avec eux au pillage et à l'incendie.

Les assiégeants formaient tous ensemble un corps de 10 500 hommes. Les pauvres chrétiens se réfugient dans leur église où ils soutiennent, pendant 18 heures, une terrible fusillade. Les plus courageux font des efforts surhumains pour repousser l'attaque de l'ennemi. Deux jeunes braves tombent morts; cinq autres, ainsi que deux femmes, sont blessés.

La situation s'aggravait d'heure en heure et devenait extrêmement critique. Les femmes prennent alors la résolution de monter sur la terrasse de l'église pour se précipiter de là avec leurs filles dans la cour de l'édifice sacré, afin de ne pas tomber entre les mains de ces hordes impures. De leur côté, les hommes, réconfortés eux aussi, à cette heure suprême, par les secours de la religion, prennent la décision unanime de tenter une sortie désespérée. C'est alors, qu'après avoir béni la foule et l'avoir fait mettre en prières pour le succès de sa démarche, le prêtre catholique, Père André Bedrossian, dans le but de conjurer un épouvantable malheur, va trouver le principal chef des Kurdes montagnards, et s'engage, au nom de ses ouailles, à tout abandonner, à la condition qu'on leur laisse la vie sauve et que tous pourront se retirer pour aller ensemble à Mardine.

Ce chef y consent, et il jure de tenir sa parole. En effet il se montre plus loyal à cet égard que son collègue *discipliné* Réchid-Bey.

Le prêtre retourne en hâte porter la bonne nouvelle que tous attendaient avec une angoisse inexprimable; il n'a que le temps de consommer les saintes espèces, et la lugubre procession se met en marche.

Ces pauvres Tellarminiotes consternés, tout en bénissant le ciel de ce salut inespéré, ne pouvaient s'empêcher de verser des torrents de larmes en voyant de loin flamber et leurs foyers chéris et cette église où ils venaient de prier pour la dernière fois ! Leurs pertes s'élèvent certainement à plus d'un million de francs, puisqu'ils n'ont rien pu emporter de ce qui leur appartenait. Tous ont été charitablement accueillis par leurs frères de Mardine. Cette belle et antique localité de Teil-Armen n'est plus aujourd'hui qu'un amas de cendres et de ruines !

**

Birédjik. — A Birédjik (province d'Alep), le caïmakam (sous-gouverneur), après avoir battu et couvert de blessures le missionnaire arménien catholique, le R. P. Aristakés Tilkian, le fait jeter en prison. Le gardien, un militaire, voyant l'occasion favorable de pouvoir exercer contre un prêtre sa haine fanatique, continue sans trêve, pendant 48 jours, les cruautés du caïmakam ; il les décuple même en inventant chaque jour quelque nouvelle torture ; il va jusqu'à plonger la tête meurtrie de sa victime dans de l'ordure, en proférant d'horribles blasphèmes contre ce que la religion chrétienne a de plus sacré. Si le gouverneur général du vilayet n'avait pas mandé à Alep ce vrai confesseur de la foi, sur les instances de Mgr Balitian, dès que Sa Grandeur eut connaissance de ces faits, on devine la fin tragique qui lui était réservée. Dieu sait d'ailleurs s'il pourra survivre à ces cruelles tortures qu'il a endurées.

Pendant que le R. P. Tilkian gémissait dans sa prison, un notable arménien catholique tombe gravement malade des suites de l'épouvante que lui avaient causée les premiers massacres des Kurdes. Son premier soin est de réclamer un prêtre ; vainement un autre notable, Chahbazian-Garabed-Effendi, excellent catholique, qui avait pourvu à la nourriture du curé pendant tout le temps de l'emprisonnement de celui-ci, va supplier le même caïmakam, de permettre au P. Tilkian de venir assister le mourant, sous l'escorte de deux gendarmes qui seraient chargés de le reconduire à la prison. Impossible de fléchir ce barbare sans cœur, et le moribond succombe en criant jusqu'à son dernier souffle : « *Un prêtre !* pour l'amour de Dieu, *un prêtre !* » Dans cet intervalle la horde barbare saccage l'église arméno-catholique de Birédjik, met en pièces les saintes images, profane les vases sacrés et salit les autels en proférant d'ignominieux blasphèmes contre le culte chrétien.

Arabghir. — Dans le Maamouret-el-Azis, à Arabghir, plus de 600 Arméniens, tant catholiques que grégoriens, au moment des massacres que nous avons précédemment racontés, s'étaient réfugiés dans l'église arménienne-catholique où M. l'abbé Etienne Israélian, ancien élève du collège de la Propagande, les avait recueillis avec le plus charitable empressement.

Le curé ferme aussitôt les portes, allume tous les cierges, expose le Très Saint Sacrement, devant lequel il se prosterne avec tout ce peuple. La piété des grégoriens n'était pas moins ardente que celle de leurs frères catholiques.

A ce moment suprême, le prêtre exhorte tous ces chrétiens à faire de fervents actes de contrition, puis il prononce solennellement sur eux les paroles de l'absolution, au milieu des supplications les plus ferventes, entrecoupées par des sanglots, tandis qu'au dehors crépitent les flammes des incendies, et que les détonations des fusils, jointes aux vociférations d'une foule ivre de sang, glacent tous les cœurs d'épouvante. Peu à peu les bruits sinistres se rapprochent de l'église et finissent bientôt par devenir un vacarme infernal. Déjà les portes sont sur le point de céder aux efforts enragés des assaillants. Tout à coup le missionnaire eut une inspiration soudaine. Il bénit une dernière fois cette foule éplorée, donne à tous l'absolution *in extremis*, puis il s'élance vers la porte principale de l'église, l'ouvre toute grande et, revêtu des ornements sacrés, se présente vaillamment à ces hordes furieuses...

Chose incroyable! à la vue de ces chrétiens agenouillés et priant à haute voix aux pieds de l'autel tout resplendissant de lumières, une étrange panique s'empare subitement de ces sauvages, et au lieu de se précipiter dans l'enceinte sacrée, pour tout saccager et tout massacrer, ils prennent tous la fuite comme s'ils étaient poursuivis par un ennemi invisible.

Et voilà comment tous ces heureux chrétiens rassemblés dans l'église d'Arabghir ont pu échapper, par un incontestable miracle, à une extermination certaine!

Césarée. — Je citerai enfin un incident émouvant que je trouve dans un document relatant les massacres de Césarée de Cappadoce : une jeune mère, frappée par le couteau des assassins, tomba morte sur le plancher de sa chambre. Figurez-vous l'émotion des voisins en pénétrant, le lendemain du massacre, dans cette triste demeure, quand ils voient un petit ange, le bébé de la pauvre morte, en train de téter gloutonnement avec des caresses enfantines le sein de sa mère sans vie !

LETTRE D'UN ARMÉNIEN

Le rôle de la France et de la Russie en Orient.

Monsieur le Directeur,

... La question arménienne est momentanément reléguée au second plan. Nous savons, aujourd'hui, que l'Angleterre nous a abandonnés, parce que la Russie a nettement fait savoir qu'elle n'encouragerait pas le Sultan à accorder des faveurs et des libertés à ses sujets arméniens ! Et pourtant, la Russie a le désir de jouer en Orient le rôle de protectrice des chrétiens opprimés par les Turcs. Mais, dans ses vastes domaines et sur les frontières de la Turquie, elle possède également des sujets arméniens et elle ne désire pas les voir aspirer à plus de libertés qu'ils n'en ont, par l'exemple qui pourrait être pris en Turquie si le Sultan se montrait trop généreux. Les quelques Arméniens qui ont voulu résister à la tyrannie turque, ont autant effrayé le gouvernement russe que le gouvernement turc, et les diplomates ont dû mettre une sourdine à la grande voix primitive de leurs réclamations au nom de l'humanité et de la civilisation.

La diplomatie française en Orient est, hélas ! à la remorque de la diplomatie russe, et les hommes de votre gouvernement ne se rendent pas assez compte qu'en ce qui concerne les questions religieuses, — et, en Orient, toute question politique est en même temps une question religieuse, — il ne peut y avoir d'accord possible entre la France catholique et la Russie orthodoxe ! Cette dernière bénéficiera sans scrupule de tout ce que son associée sacrifiera d'influence séculaire pour lui complaire.

Si, d'après son propre aveu, l'Angleterre s'efface aujourd'hui et semble se désintéresser de la question d'Orient, si d'autre part la

France appuie la Russie, que deviendra la question des Lieux Saints à Jérusalem? La France oubliera-t-elle que le véritable point de départ de la guerre de Crimée ne fut autre que cette question des Lieux Saints?

La gloire de la France, depuis les croisades, est d'avoir en Orient toujours protégé les chrétiens et de n'avoir jamais permis que le conquérant touchât au berceau de notre religion. Aussi, malgré la présence de l'armée turque à Jérusalem, le tombeau du Christ et les autres Lieux-Saints sont-ils toujours restés accessibles aux fidèles du monde entier.

Malgré les changements de gouvernements, si nombreux depuis un siècle, la diplomatie française n'a jamais perdu de vue ce rôle grandiose que la France a toujours rempli, dans le cours des siècles, aux applaudissements de la chrétienté. Mais si, peu à peu, la Russie se substitue à la France, qui pourra en Europe l'empêcher d'être prépondérante à Jérusalem?

Avec l'accord qui se prépare entre la Turquie et la Russie, cette dernière puissance, qui peut déjà faire passer sa flotte par le Bosphore et les Dardanelles, pourra bientôt transporter en Palestine ses moines et ses soldats. Déjà le mont Athos n'est-il pas, presque à l'insu de la diplomatie européenne, devenu une vraie citadelle russe où des moines vivent dans des couvents qui sont de vrais châteaux forts et possèdent déjà un navire cuirassé que nous avons vu, l'an dernier, avec son équipage de prêtres, sur les rives du Bosphore.

Si on laisse faire la Russie, le moment viendra bientôt où vos pèlerins français, pour se rendre à Jérusalem, seront tenus de faire viser, au préalable, leurs passeports par les consulats russes.

Vous, Monsieur le Directeur, qui avez élevé et su faire entendre votre voix pour les victimes arméniennes, et provoquer, dans l'opinion publique, un sentiment de commisération en leur faveur, ne pourriez-vous pas également appeler l'attention de l'Europe chrétienne, en faisant remarquer à vos compatriotes que la Russie peut bien être et rester politiquement l'amie et l'alliée de la France en Occident, mais qu'en Orient les intérêts ne sont plus les mêmes entre les deux nations : là, votre patrie a, depuis des siècles, une mission spéciale qu'elle ne peut abdiquer. Il est aujourd'hui d'intérêt général qu'elle remplisse son rôle officiel de nation protectrice des chrétiens, et qu'elle empêche le monde catholique tout entier d'avoir bientôt à se soumettre à l'Église russe!

Agréez, etc.

UN ARMÉNIEN.

CONCLUSION

A NOS FRÈRES D'ARMÉNIE, A NOS FRÈRES D'EUROPE

Au moment de publier ce long et douloureux martyrologe des victimes du fanatisme musulman, mon âme est envahie par une immense et poignante tristesse, en songeant aux cent mille chrétiens couchés, là-bas, sous la terre arménienne.

Cette vaste nécropole, jadis si peuplée et si riche, aujourd'hui si désolée, a dormi pendant tout ce rude hiver sous son linceul de neige; et voilà que le printemps, en ramenant partout la fécondité et la vie, va recouvrir de verdure, de fleurs et de lianes pourprées les milliers de tombes de nos frères égorgés! N'est-ce pas le touchant symbole des moissons nouvelles qui vont germer, pour la foi et le patriotisme, sur ce sol fécondé par le sang généreux de nos martyrs?

Mon cœur de prêtre veut, du moins, envoyer à ces héros obscurs, au nom des catholiques français, un dernier adieu, un dernier merci pour l'exemple fortifiant qu'ils nous ont donné, et aussi une dernière prière pour ces frères inconnus qui ont confessé vaillamment notre foi commune, sous le yatagan des Turcs, jusqu'à l'effusion de leur sang!

Ah! ce sang des martyrs arméniens, puisse-t-il enfin sceller définitivement l'union et la concorde entre tous leurs frères survivants. Il faut que toute division cesse devant le péril commun, pour faire place à l'union qui fait la force.

Un mot maintenant à nos frères d'Occident.

Le document que nous nous décidons à publier aujourd'hui, et qui émane des six grandes puissances signataires du Traité de Berlin (1), est accablant pour l'Europe.

Elle a connu, par ses représentants en Turquie, tous les détails

---

(1) Voici le texte de l'article 21 de ce traité, qui engage si cruellement la responsabilité de l'Europe dans ces massacres :

« *La Sublime Porte s'engage à réaliser sans plus de retard les amélio-*
» *rations et les réformes qu'exigent les besoins locaux dans les provinces*
» *habitées par les Arméniens et à garantir leur sécurité contre les*
» **Circassiens et les Kurdes. Elle donnera périodiquement**
» **connaissance des mesures prises à cet effet aux puissances**
» **qui en surveilleront l'application.** »

Ceci en 1878.

de ce drame terrible. Elle a su qu'on a fait, pendant trois mois, de véritables hécatombes de chrétiens, non par suite d'une surexcitation passagère, mais en vertu d'un plan méthodique, soigneusement préparé et froidement exécuté, à dates et à heures fixes, sur signal donné! Tout cela est établi dans son enquête.

Elle a constaté que ce ne sont pas seulement, comme on l'a dit, les Kurdes, Lazes, Tcherkesses, Circassiens, ou autres bandes indisciplinées, mais aussi les soldats de l'armée régulière, qui ont égorgé nos frères, pillé leurs maisons, détruit les villages chrétiens, forcé, le poignard sous la gorge, des milliers de familles à embrasser l'islamisme et à recevoir la circoncision.

Elle nomme, dans ce document, les valis, les mutessarifs, les caïmacams et autres représentants de l'autorité turque qui, dans ces onze provinces, ont permis cet égorgement de la population chrétienne, quand eux-mêmes ne l'ont pas organisé et n'y ont pas présidé!

Or, au lieu d'intervenir énergiquement, de rendre le Sultan directement responsable de ces tueries, d'exiger de la Sublime Porte la mise à mort des valis et autres fonctionnaires coupables de ces crimes de lèse-humanité, la diplomatie européenne s'est bornée à discuter, pendant des semaines, avec le gouvernement turc qui s'en jouait, sur le nombre des avisos à faire stationner dans le Bosphore!...

C'est ce byzantinisme coupable et cette impuissance avouée qui ont été la vraie cause des massacres déjà accomplis et de ceux qui se préparent, car le Turc sait désormais qu'il n'a rien à redouter des puissances chrétiennes.

L'Europe s'est faite la complice responsable de la barbarie musulmane!

Ne devait-elle pas, non seulement par solidarité chrétienne, mais au moins pour la cause de l'humanité, intervenir d'autorité auprès de cette Turquie qu'elle tient en tutelle, pour empêcher — et c'eût été facile — de pareilles tueries?

C'est donc l'Europe la vraie coupable. C'est elle qui a laissé égorger ces cent mille Arméniens!

Le sang innocent crie vengeance! Prions Dieu qu'il ne retombe pas sur nos têtes, avant que réparation soit faite.

Cette réparation, elle est urgente, nécessaire; et si nos gouvernants se dérobent, c'est à l'opinion publique à leur imposer sa volonté, à les obliger à remplir ce devoir d'humanité.

Voilà pourquoi nous portons aujourd'hui la question arménienne, sous cette forme, devant son tribunal.

F^x CHARMETANT.

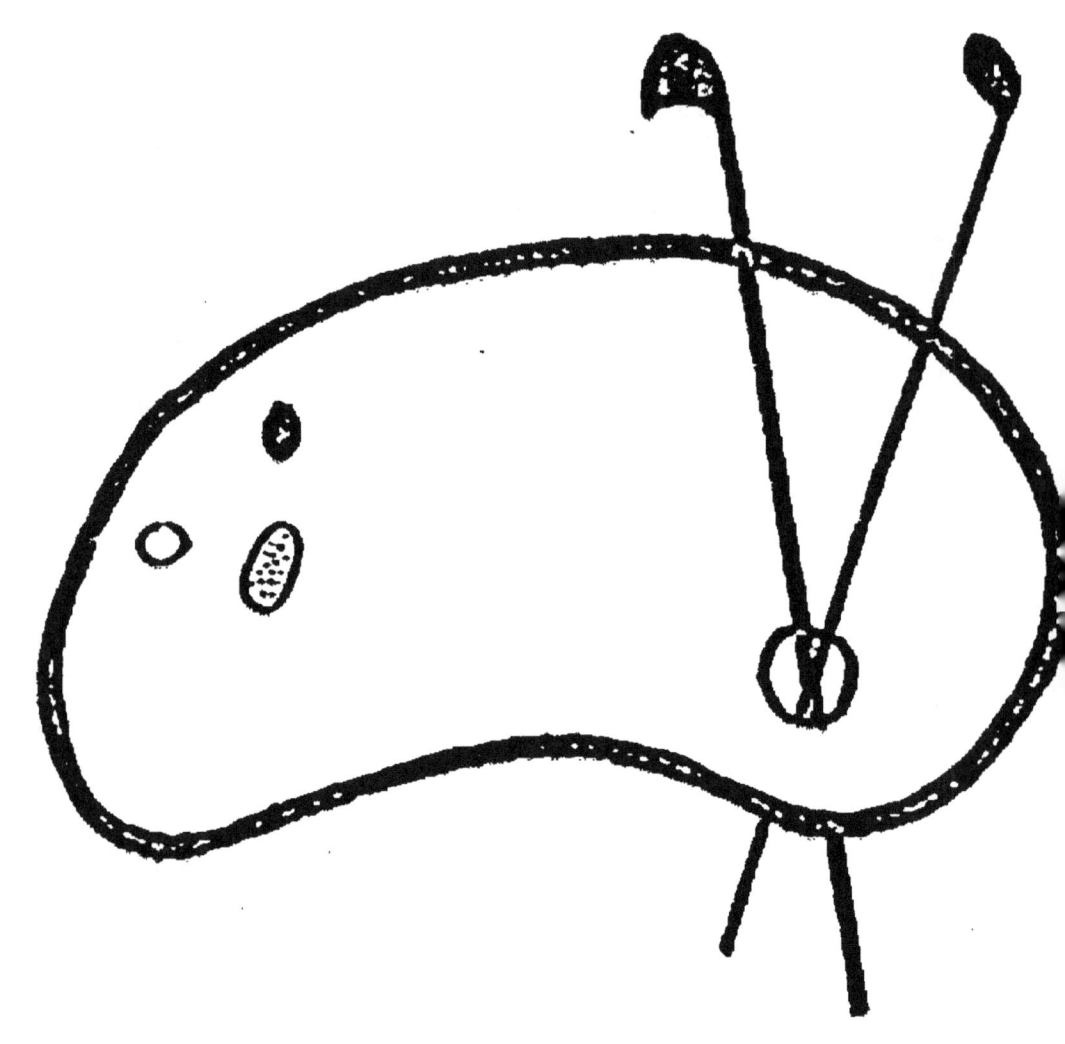

ORIGINAL EN COULEUR
NF Z 43-120-8

DERNIÈRES NOUVELLES ET DERNIER MOT

Au moment où cette brochure va paraître, nous apprenons que les valis ou gouverneurs des provinces qui s'étaient montrés simplement humains pour les chrétiens au moment des massacres, sont mis en disgrâce! Ceux, au contraire, qui ont apporté plus d'acharnement et plus de férocité dans l'exécution de cette œuvre de haine et d'extermination, deviennent l'objet de toutes les faveurs et reçoivent des décorations et de l'avancement.....

Il y a là un symptôme très grave, très inquiétant, dont l'Europe doit tenir compte, surtout si on le rapproche de l'émotion qui vient de se produire chez tous les musulmans, du Bosphore aux sources du Nil et de l'Arabie au Maroc, en apprenant que les Anglais songent à marcher sur Dongola.

Tous les peuples de l'Islam s'inquiètent comme en face d'un péril commun. Ce n'est plus la Turquie seulement, c'est le monde musulman tout entier qui se dresse devant la chrétienté!

Nous reculons de plusieurs siècles!

Le danger peut devenir imminent, non seulement en Turquie, mais dans toute l'Afrique et dans les Indes.

Voilà ce qu'a produit l'Europe, avec sa politique néfaste, au moment des massacres d'Arménie : elle a amené cet état d'âme chez les musulmans de toute race. Aujourd'hui toucher à un seul des leurs c'est toucher à tous, et ils déclareront bientôt qu'ils ne le permettent pas!

Si, dès les premiers massacres, l'Europe était intervenue pour mettre un terme à l'exaltation musulmane qu'ils ont produite partout, le péril certain qui apparaît aujourd'hui derrière cette sorte de panislamisme eût été écarté.

Il est encore temps pour les puissances chrétiennes d'empêcher cette explosion de fanatisme qui les mettrait aux prises avec cent millions de musulmans; mais qu'on avise dès aujourd'hui : demain peut-être ce sera trop tard!

F. C.